ATÉ QUE SEJAMOS UM

ATÉ QUE SEJAMOS UM

—

FRANCIS CHAN

Traduzido por Claudia Santana Martins

Copyright © 2021 por Crazy Love Ministries
Publicado originalmente por Davi C Cook, Colorado Springs, Colorado, EUA.

Os textos bíblicos foram extraídos da *Nova Versão Transformadora* (NVT), da Tyndale House Foundation, salvo a seguinte indicação: *Almeida Revista e Corrigida* (RC), da Sociedade Bíblica do Brasil.

Todos os direitos reservados e protegidos pela Lei 9.610, de 19/02/1998.

É expressamente proibida a reprodução total ou parcial deste livro, por quaisquer meios (eletrônicos, mecânicos, fotográficos, gravação e outros), sem prévia autorização, por escrito, da editora.

Edição
Daniel Faria

Revisão
Natália Custódio

Produção e diagramação
Felipe Marques

Colaboração
Ana Luiza Ferreira
Marina Timm

Capa
Rafael Brum

CIP-Brasil. Catalogação na publicação
Sindicato Nacional dos Editores de Livros, RJ

C43a

   Chan, Francis
     Até que sejamos um / Francis Chan ; tradução Claudia Santana Martins. - 1. ed. - São Paulo : Mundo Cristão, 2021.
     176 p.

   Tradução de: Until unity
   ISBN 978-65-5988-032-4

   1. Eucaristia - Celebração. 2. Eucaristia - Igreja Católica. I. Martins, Claudia Santana. II. Título.

21-72932   CDD: 234.163
                                       CDU: 27-549.3

Meri Gleice Rodrigues de Souza - Bibliotecária - CRB-7/6439

Publicado no Brasil com todos os direitos reservados por:

Editora Mundo Cristão
Rua Antônio Carlos Tacconi, 69
São Paulo, SP, Brasil
CEP 04810-020
Telefone: (11) 2127-4147
www.mundocristao.com.br

Categoria: Igreja
1ª edição: outubro de 2021 | 3ª reimpressão: 2024

Este livro é dedicado aos seguidores
de Jesus de diversas denominações
que me perdoaram por minha arrogância
e divisionismo ao longo dos anos.

Ele designou alguns para apóstolos, outros para profetas, outros para evangelistas, outros para pastores e mestres. Eles são responsáveis por preparar o povo santo para realizar sua obra e edificar o corpo de Cristo, até que todos alcancemos a unidade que a fé e o conhecimento do Filho de Deus produzem e amadureçamos, chegando à completa medida da estatura de Cristo. Então não seremos mais imaturos como crianças, nem levados de um lado para outro, empurrados por qualquer vento de novos ensinamentos, e também não seremos influenciados quando nos tentarem enganar com mentiras astutas.

Em vez disso, falaremos a verdade em amor, tornando-nos, em todos os aspectos, cada vez mais parecidos com Cristo, que é a cabeça. Ele faz que todo o corpo se encaixe perfeitamente. E cada parte, ao cumprir sua função específica, ajuda as demais a crescer, para que todo o corpo se desenvolva e seja saudável em amor.

Efésios 4.11-16

Sumário

Agradecimentos 11
Introdução 13

1. É o que a Trindade deseja 29
2. É o que você deseja 43
3. É do que o mundo precisa 59
4. Começa com o arrependimento 77
5. Vem com a maturidade 93
6. Sobrevive com o amor 107
7. Requer luta 125
8. Precisa começar aos poucos 149

Conclusão: A volta a uma fé como a das crianças 161
Notas 167

Agradecimentos

Mercy: você está registrada como editora de texto, mas foi muito mais do que isso. Eu não conseguiria ter escrito este livro sem você. Você é genial. Sua sabedoria, junto com seu profundo e puro amor por Jesus, tornaram a escrita divertida para mim. Não há nenhuma outra pessoa com quem eu preferisse escrever. Foi ótimo pensar com você, orar com você e simplesmente estar com você. Você é o máximo.

Mark Beuving: obrigado por ter contribuído em mais outro livro, apesar de estar em uma temporada agitada.

Para minha família da igreja em Hong Kong: Lem, Diana, Allison, Christy, David, Lillian, Julie, Alan, Jen, Eugene, Telly, Francis, Iris, Douglas, Kelly, Ka Yuen, Wai Wai, Ah Wing, Barry, YY, Josh, Grazia, Sailor, Circle, Brian, James, Ka Yin, Helen, Hawk, Lorraine, Kyle, Jimmy, Hilda, Silas, On, Chicken, June, Jackie, Mike, Camilla, Amanda, Emma, JoJo, Andy, Andrew, Eric, Esther, Ah Sun, Ethan, Lap Yin. Obrigado por tornarem 2020 o melhor ano de minha vida!

A meus amigos em Hong Kong por suas orações de fé e apoio: Jackie P., Agnes, Jason, Juliana, Brian, Angela, Chow Fai, Kabo, Richard, Linda, Hugo, Yuenyi, TH, Paula, KO, YK, Serena, Cynthia, Sydney, Peter, Susana, James, Kennedy, Peter, Eugene, Matt, Robert, Pinky, Ben, a família Balcombe, Matt e Rebekah.

Introdução

Seja sincero: quanto tempo você passou louvando Jesus esta manhã?

Pedir bênçãos não conta. Só ler uma passagem das Escrituras não conta. O que estou lhe perguntando é: quanto tempo passou olhando para ele e dizendo-lhe como ele é maravilhoso?

Nós éramos inimigos de Deus, destinados a enfrentar sua ira. Deixe essa verdade calar fundo em você.

Jesus foi torturado na cruz para aplacar a ira de Deus. Essa verdade ainda o comove?

Você está agora reconciliado com Deus e foi adotado como seu filho. Como podemos passar um dia sem louvá-lo por isso?

Deus agora habita em você! Não se limite a acenar com a cabeça diante disso. Maravilhe-se!

Largue este livro e adore-o. Você está respirando agora porque Deus está lhe dando fôlego. Use a próxima respiração para a finalidade a que se destina. Bendiga-o.

> Todo o meu ser louve o SENHOR;
> louvarei seu santo nome de todo o coração.
> Salmos 103.1

Não podemos iniciar o dia sem louvor. Somos ordenados a nos regozijar nele sempre. Não há nada que você precise fazer hoje que seja mais importante do que adorá-lo. Se não sou sábio o bastante para iniciar o dia com o louvor, por que alguém deveria escutar o que tenho a dizer? Se sou tolo o bastante para me abster do louvor porque minha mente está sendo requisitada para resolver problemas na igreja, então eu mesmo tenho mais problemas do que imagino.

Nossa falta de louvor pode, na verdade, ser a maior causa de nossas discórdias. Uma vez que tenhamos parado de adorar, toda esperança de unidade se perde. Isso é o que nos une: não conseguimos parar de falar sobre o tesouro que temos em Jesus. É difícil começar a brigar com alguém que está de joelhos gritando louvores a Jesus, principalmente quando você também está ocupado bendizendo o Senhor. Muitos de nossos problemas poderiam ser pacificados se discutíssemos nossas preocupações de joelhos diante do Deus santo. Não podemos permitir que o Inimigo ou nossos inimigos interrompam nosso louvor. A adoração é nosso caminho para a unidade.

> Não há nada que você precise fazer hoje que seja mais importante do que adorá-lo.

Neste exato momento eu o encorajo a ler as seguintes passagens que explicam as verdades mencionadas acima: Romanos 5.10-11; Efésios 2.3-4; Romanos 3.23-25; 1João 3.1; 2Coríntios 5.21; João 14.21-23. Encha seu coração de adoração e mantenha-o cheio. Você e eu somos parte de uma história de amor escandalosa. Uma vez que tenhamos perdido o fascínio, perdemos a eficácia. Nossas palavras acabam fazendo mais mal do que bem. Com um coração repleto de agradecimento, vamos cuidar dos problemas.

Nossa família dividida

Somos atualmente o grupo religioso mais dividido no mundo,

e o segundo lugar está bem distante. Se acha que estou exagerando, mencione outra religião com mais do que duas ou três divisões. Temos milhares de denominações e ministérios, cada um acreditando que sua teologia ou metodologia é superior. O lado mais triste disso é que nosso Salvador foi crucificado para pôr fim em nossas discórdias, ordena que sejamos unidos e diz que exerceremos impacto sobre o mundo quando nos tornarmos um.

Não podemos simplesmente voltar aos nossos diversos círculos e continuar nossas discussões sobre quão enganados estão nossos irmãos e irmãs. É hora de tentar algo diferente. Que tal se cada um de nos estabelecer como meta esforçar-se por um nível de humildade que nunca tivemos? Podemos passar tempo em nosso círculo de joelhos clamando ao Deus da verdade, suplicando-lhe que desvele qualquer orgulho ou engano que tenha se infiltrado em nossa vida.

Precisamos parar de pensar que nosso principal dever para com os companheiros de fé seja criticá-los. Não é. Nosso principal dever é amá-los. Paulo diz que temos um débito de amor uns para com os outros (Rm 13.8). Apesar disso, parece que investimos muito mais tempo aprendendo do que amando. Avalie honestamente a quantidade de tempo que você passa adquirindo informações comparada à quantidade de tempo que passa pedindo a Deus para aumentar o amor pelos outros filhos dele.

Estamos tratando nossas discórdias como nossa dívida nacional. Elas pioram a cada minuto, mas isso não afeta nossa vida cotidiana, então não sentimos a urgência de mudar a situação. Isso está na raiz do problema: não conseguimos parar de pensar em nós mesmos. Esquecemo-nos de como nossas discórdias afetam a Deus e a um mundo descrente. Nossa atitude despreocupada e indiferente em relação à unidade é incrivelmente perigosa por três razões:

1. Deus está descontente com isso.
2. O mundo está confuso com isso.
3. Isso pode ser uma prova de que o Espírito Santo não está em nós.

Trema

Não quero que este livro se transforme em um esforço de persuadir você a acabar com as discórdias. Isso não perduraria. A sabedoria de evitar o discurso não amoroso precisa começar com o temor de Deus e seus mandamentos. Em Isaías 66.1-2, encontramos as seguintes palavras:

> Assim diz o SENHOR:
> "O céu é meu trono,
>   e a terra é o suporte de meus pés.
> Acaso construiriam para mim um templo assim tão bom?
>   Que lugar de descanso me poderiam fazer?
> Minhas mãos criaram os céus e a terra;
>   eles e tudo que neles há são meus.
>   Eu, o SENHOR, falei!
> Abençoarei os de coração humilde e oprimido,
>   os que tremem diante de minha palavra".

A quem Deus abençoa? Os humildes que *tremem diante de sua palavra!*

Você está prestes a ler algumas passagens das Escrituras que abordam o tema da unidade. Antes disso, dedique um instante para lembrar-se de que essas Escrituras são ordens sagradas de um Deus aterrorizante. Alguns de vocês talvez tenham sido ensinados a tremer diante de ordens relacionadas à imoralidade sexual, mas não diante daquelas que exigem a unidade. A unidade tem sido encarada como um assunto atraente para aqueles que não dispõem do conhecimento teológico necessário para lidar com questões mais profundas. A unidade tem sido vista como uma opção amena para aqueles que não se importam com a verdade. Exorto-o a abandonar essa mentalidade e simplesmente tremer a cada versículo diante de um Deus santo. Só quando levarmos as Escrituras a sério entenderemos que Deus se preocupa mais com a unidade do que qualquer ser humano jamais tenha se preocupado.

Estou convencido de que, se você tremer diante destas passagens das Escrituras, não precisará nem mesmo ler o restante do livro. Oro para que Deus escolha derramar sua graça enquanto você lê as ordens dele. Adoraria ouvir dos leitores: "Nem cheguei a passar da introdução. Era tudo de que eu precisava".

> Há seis coisas que o Senhor odeia,
>   ou melhor, sete coisas que ele considera detestáveis:
> olhos arrogantes,
>   língua mentirosa,
>   mãos que matam o inocente,
> coração que trama a maldade,
>   pés que se apressam em fazer o mal,
> testemunha falsa que diz mentiras,
>   e aquele que semeia desentendimento entre irmãos.
>   Provérbios 6.16-19

Não te peço apenas por estes discípulos, mas também por todos que crerão em mim por meio da mensagem deles. Minha oração é que todos eles sejam um, como nós somos um, como tu estás em mim, Pai, e eu estou em ti. Que eles estejam em nós, para que o mundo creia que tu me enviaste.

Eu dei a eles a glória que tu me deste, para que sejam um, como nós somos um. Eu estou neles e tu estás em mim. Que eles experimentem unidade perfeita, para que todo o mundo saiba que tu me enviaste e que os amas tanto quanto me amas.

João 17.20-23

Portanto, como prisioneiro no Senhor, suplico-lhes que vivam de modo digno do chamado que receberam. Sejam sempre humildes e amáveis, tolerando pacientemente uns aos outros em amor. Façam todo o possível para se manterem unidos no Espírito, ligados pelo vínculo da paz. Pois há um só corpo e um só Espírito, assim como vocês foram chamados para uma só esperança.

Há um só Senhor, uma só fé, um só batismo,
    um só Deus e Pai de tudo,
o qual está sobre todos, em todos,
    e vive por meio de todos.

Efésios 4.1-6

Não se envolva em discussões tolas sobre genealogias intermináveis, nem em disputas e brigas sobre a obediência às leis judaicas. Essas coisas são inúteis, e perda de tempo. Se alguém tem causado divisões entre vocês, advirta-o uma primeira e uma segunda vez. Depois disso, não se relacione mais com ele. Tais indivíduos se desviaram da verdade e condenaram a si mesmos com seus pecados.

Tito 3.9-11

Todos que foram unidos com Cristo no batismo se revestiram de Cristo. Não há mais judeu nem gentio, escravo nem livre, homem nem mulher, pois todos vocês são um em Cristo Jesus.

Gálatas 3.27-28

Quem são vocês para condenar os servos de outra pessoa? O senhor deles julgará se estão em pé ou se caíram. E, com a ajuda de Deus, ficarão em pé e receberão a aprovação dele.

Romanos 14.4

Irmãos, suplico-lhes em nome de nosso Senhor Jesus Cristo que vivam em harmonia uns com os outros e ponham fim às divisões entre vocês. Antes, tenham o mesmo parecer, unidos em pensamento e propósito.

1Coríntios 1.10

Há alguma motivação por estar em Cristo? Há alguma consolação que vem do amor? Há alguma comunhão no Espírito? Há alguma compaixão e afeição? Então completem minha alegria concordando sinceramente uns com os outros, amando-se mutuamente e trabalhando juntos com a mesma forma de pensar e um só propósito.

Filipenses 2.1-2

Portanto, não deixem que ninguém os condene pelo que comem ou bebem, ou por não celebrarem certos dias santos, as cerimônias da lua nova ou os sábados. Pois essas coisas são apenas sombras da realidade futura, e o próprio Cristo é essa realidade. Não aceitem a condenação daqueles que insistem numa humildade fingida e na adoração de anjos e que alegam ter visões a respeito dessas coisas. A mente pecaminosa deles os tornou orgulhosos, e eles não estão ligados a Cristo, que é a cabeça do corpo. Unido a ele por meio de suas juntas e seus ligamentos, o corpo cresce à medida que é nutrido por Deus.

Colossenses 2.16-19

Que Deus, nosso Pai, e nosso Senhor Jesus nos encaminhem a vocês em breve. E que o Senhor faça crescer e transbordar o amor que vocês têm uns pelos outros e por todos, da mesma forma que nosso amor transborda por vocês. E, como resultado, que Deus, nosso Pai, torne seu coração forte, irrepreensível e santo diante dele para quando nosso Senhor Jesus voltar com todo o seu povo santo.

1Tessalonicenses 3.11-13

O alvo de minha instrução é o amor que vem de um coração puro, de uma consciência limpa e de uma fé sincera. Alguns, porém, se desviaram dessas coisas e passam o tempo em discussões inúteis. Querem ser conhecidos como mestres da lei, mas não sabem do que estão falando, embora o façam com tanta confiança.

1Timóteo 1.5-7

Talvez alguns nos contradigam, mas estes são os verdadeiros ensinamentos do Senhor Jesus Cristo, que conduzem a uma vida de devoção. Quem ensina algo diferente é arrogante e sem entendimento. Vive com o desejo doentio de discutir o significado das palavras e provoca contendas que resultam em inveja, divisão, difamação e suspeitas malignas. Pessoas assim sempre causam problemas. Têm a mente corrompida e deram as costas à verdade. Para elas, a vida de devoção é apenas uma forma de enriquecer.

1Timóteo 6.3-5

Digo mais uma vez: não se envolva em discussões tolas e ignorantes que só servem para gerar brigas. O servo do Senhor não deve viver brigando, mas ser amável com todos, apto a ensinar e paciente. Instrua com mansidão aqueles que se opõem, na esperança de que Deus os leve ao arrependimento e, assim, conheçam a verdade.

2Timóteo 2.23-25

Mas a sabedoria que vem do alto é, antes de tudo, pura. Também é pacífica, sempre amável e disposta a ceder a outros. É cheia de misericórdia e é o fruto de boas obras. Não mostra favoritismo e é sempre sincera. E aqueles que são pacificadores plantarão sementes de paz e ajuntarão uma colheita de justiça.

Tiago 3.17-18

Se alguém afirma: "Estou na luz", mas odeia seu irmão, ainda está na escuridão. Quem ama seu irmão permanece na luz e não leva outros a tropeçar. Mas quem odeia seu irmão ainda está na escuridão e anda na escuridão. Não sabe para onde vai, pois a escuridão o cegou.

1João 2.9-11

É nisto que consiste o amor: não em que tenhamos amado a Deus, mas em que ele nos amou e enviou seu Filho como sacrifício para o perdão de nossos pecados. Amados, visto que Deus tanto nos amou, certamente devemos amar uns aos outros. Ninguém jamais viu a Deus. Mas, se amamos uns aos outros, Deus permanece em nós, e seu amor chega, em nós, à expressão plena.

1João 4.10-12

Felizes os que têm coração puro, pois verão a Deus.

Mateus 5.9

Por favor não tenha medo de tomar essas ordens literalmente. Se encaro de forma literal uma declaração bíblica sobre comportamento sexual, é comum que seja chamado de conservador e minha postura seja considerada "bíblica". Lamentavelmente, porém, se encaro de forma literal alguma dessas declarações bíblicas sobre evitar a desunião ou buscar a unidade, sou chamado de liberal e minha postura é considerada muito branda, covarde e condescendente.

Isso está errado. Todos nós temos de fazer escolhas sobre quais partes da Bíblia devem ser tomadas literalmente. Todos nós. Não sei lhe dizer quais são todas as passagens que devem ser tomadas literalmente de modo absoluto. (Vender todos os seus bens? Arrancar o olho direito? Cobrir a cabeça?) Mas posso lhe dizer que tenho confiança absoluta em que as ordens de Jesus para amar, buscar a unidade e evitar controvérsia devem ser encaradas literalmente.

Testemunho

Você já pensou como as pessoas de fora nos veem? Tente imaginar um não crente entrando na internet e tentando entender todas as diferentes denominações, as divisões eclesiásticas, os anúncios concorrentes e a difamação pública. Seria semelhante a meus familiares gritando freneticamente uns com os outros ao entrar em um orfanato para encontrar crianças em busca de adoção. Há um motivo pelo qual as pessoas não se sentem ansiosas para entrar em nossa família. Que imagem de Deus estamos mostrando ao mundo? Se a igreja deve ser um reflexo da imagem de Deus e o aroma de Cristo para aqueles que estão perecendo, não admira que as pessoas não se sintam atraídas. Não tente se consolar com versículos como João 15.18: "Se o mundo os odeia, lembrem-se de que primeiro odiou a mim". Atualmente o mundo nos odeia não porque nos parecemos com Jesus, mas porque não nos parecemos. Somos arrogantes e há uma grave lacuna entre nossas crenças e ações.

As Escrituras ensinam que nossa influência sobre o mundo está diretamente ligada à unidade que exibimos. Entretanto, continuamos a nos degradar publicamente, esquecendo-nos de como parecemos diante do mundo. Continuamos a traçar limites que fazem sentido para nós, mas não para os que estão observando. Será que isso incomoda você? Não se esqueça de que estamos falando sobre pessoas reais que estão rumando para um inferno real. Não enquadre simplesmente todas as pessoas em algum grupo impreciso. Estamos falando de seus amigos, primos, filhos e vizinhos. Todos eles estão felizes de que o cristianismo funcione para você, mas não veem qualquer necessidade de serem "salvos" por Jesus. Nem mesmo acreditam em um Dia do Julgamento. Segundo as Escrituras, isso mudaria se a igreja estivesse unida.

> O mais importante é que vocês vivam em sua comunidade de maneira digna das boas-novas de Cristo. Então, quando eu for vê-los novamente, ou mesmo quando ouvir a seu respeito, saberei que estão firmes e unidos em um só espírito e em um só propósito, lutando juntos pela fé que é proclamada nas boas-novas. Não se deixem intimidar por aqueles que se opõem a vocês. Isso é um sinal de Deus de que eles serão destruídos, e vocês serão salvos.
>
> Filipenses 1.27-28

É ótimo que você compartilhe o evangelho com aqueles a quem ama, mas é nossa unidade que fará com que eles realmente acreditem em suas palavras. A maioria de nós diria que faria qualquer coisa para ver aqueles a quem amam conhecerem Jesus. Você está disposto a fazer um sério esforço rumo à unidade? Quanta humilhação, arrependimento e sofrimento está disposto a suportar para ver a igreja unificada?

○ As Escrituras ensinam que nossa influência sobre o mundo está diretamente ligada à unidade que exibimos.

Salvação

Se você se sente apático em relação às ordens de Deus sobre a unidade, e se não se preocupa em como isso parece diante do mundo, talvez você tenha um problema maior. É possível que o Espírito Santo não esteja em você, que você não tenha sido salvo de verdade. Essa afirmação lhe parece chocante? Não deveria. As Escrituras são claras quanto às marcas de um verdadeiro crente e o fruto que advém de uma vida habitada pelo Espírito Santo:

> Quando seguem os desejos da natureza humana, os resultados são extremamente claros: imoralidade sexual, impureza, sensualidade, idolatria, feitiçaria, hostilidade, discórdias, ciúmes, acessos de raiva, ambições egoístas, dissensões, divisões, inveja, bebedeiras, festanças desregradas e outros pecados semelhantes. Repito o que disse antes: quem pratica essas coisas não herdará o reino de Deus.
>
> Mas o Espírito produz este fruto: amor, alegria, paz, paciência, amabilidade, bondade, fidelidade, mansidão e domínio próprio. Não há lei contra essas coisas!
>
> Gálatas 5.19-23

Gostaria que você desse uma olhada na primeira lista: os desejos da natureza humana. É fácil passar os olhos e riscar um número suficiente de itens para se assegurar de que você não tem nada com que se preocupar. Não estou vivendo em imoralidade sexual, não sou dado a bebedeiras e nunca pensei em me tornar um feiticeiro, então está tudo certo comigo. Mas você já notou que hostilidade, discórdias, ciúmes, acessos de raiva, ambições egoístas, dissensões, divisões e inveja também estão nessa lista? E já chegou a tremer diante do aviso de que "quem pratica essas coisas **não herdará o reino de Deus**"?

Deus leva esses pecados a sério, muito mais a sério do que o fazemos na igreja contemporânea, e se não nos modificarmos, colheremos as consequências.

Agora olhe para a segunda lista — aquela que você provavelmente memorizou:

> Mas o Espírito produz este fruto: amor, alegria, paz, paciência, amabilidade, bondade, fidelidade, mansidão e domínio próprio. Não há lei contra essas coisas!
>
> Gálatas 5.22-23

Creio que este é um bom momento para lembrá-lo de que o mero fato de acreditar na verdade não garante que você a possua. "A. W. Tozer descreve o textualista como uma pessoa que supõe que, por afirmar uma veracidade da Bíblia, ele possui automaticamente aquilo de que a Bíblia fala."[1] Um número demasiado de pessoas vive como se afirmar uma verdade bíblica fosse o equivalente a tê-la na realidade. O seminário pode ensiná-lo a memorizar um cardápio, mas isso não garante que você irá algum dia saborear a comida. É aterrorizador pensar que o inferno talvez contenha uma boa quantidade de professores da Bíblia que conhecem bem teologia.

De volta a Gálatas: Paulo está explicando o fruto produzido por uma pessoa enraizada no Espírito. Não trate isso como eu costumava fazer, isto é, como uma lista para descobrir minhas fraquezas a fim de que pudesse me aperfeiçoar nessas áreas. A questão é que uma árvore boa produz bons frutos. É o que o Espírito *vai* produzir quando se tornar o novo senhor de alguém. Não fique enredado trabalhando duro para mudar o fruto de sua vida. Vá à raiz. Por que saem de sua boca palavras que soam cruéis, indelicadas, frias? Jesus diz que o problema não é a boca, mas o coração (Mt 12.34). Se amor, alegria, paz, paciência, amabilidade, bondade, fidelidade, mansidão e domínio próprio não estão fluindo de nosso coração, não é porque não estamos nos esforçando o suficiente. É porque não estamos conectados ao Espírito de Deus. A questão é séria a esse ponto!

Fim da desesperança

A situação em que a igreja cristã se encontra parece sem esperança. Tentamos organizar eventos para promover a unidade, criar declarações doutrinais comuns para construir a unidade, e até orar pela unidade. Nada funcionou, porque não estamos enfrentando o problema pela raiz. Achamos que o problema são diferenças de teologia ou prática, então passamos muito tempo discutindo sobre várias passagens nas Escrituras. Acreditamos que a unidade só acontecerá quando convertermos o outro lado à nossa opinião.

Na realidade, nossas discórdias são causadas por questões muito mais profundas: nossos desejos conflitantes (Tg 4), nossa tendência ao ciúme e à ambição egoísta, que conduz a "confusão e males de todo tipo" (Tg 3.16) e, finalmente, à imaturidade de nossa fé. Muitas pessoas que se dizem cristãs nunca experimentaram uma conexão profunda com Deus. Uma vez que tão poucas pessoas experimentaram o amor de Deus, menos pessoas ainda são capazes de compartilhá-lo. Se nosso relacionamento com Deus é robótico ou não existente, nosso vínculo de amor com os outros será igualmente fraco. Quando o amor é superficial, basta algo tão trivial quanto um desacordo para nos dividir.

Sei que irão zombar de mim por minha inocência, mas o amor é mesmo a resposta. De algum modo, enquanto avançamos em nossas sofisticadas discussões teológicas, paramos de crescer em amor a Deus e uns aos outros. Entretanto, Jesus afirmou que o amor a Deus e o amor ao próximo eram literalmente o mais importante de tudo (Mc 12.28-31). Há uma esperança de unidade, mas até que nos disponhamos a aceitar a simplicidade envolvida nisso, continuaremos a nos dividir.

Um milagre deveria acontecer quando o Espírito Santo entra em nosso corpo: deveríamos gerar o fruto de amor sobrenatural uns pelos outros. Não aconteceu. Na verdade, aconteceu o oposto. Se existe verdadeiramente um Espírito que ama a unidade nos conduzindo, não faz sentido que estejamos nos tornando cada vez mais divididos. Então o Espírito nunca entrou em alguns de nós, ou realizamos um trabalho magistral de anulá-lo. Independentemente de quantos versículos da Bíblia você conheça e quão bem possa ensinar as Escrituras, é preciso estar disposto a examinar o fruto de sua vida para ver se o Espírito verdadeiramente entrou em você.

Depois de um exame sincero, talvez você descubra que não é tão humilde e amoroso quanto pensava. Se você de fato não ama as pessoas tão profundamente, pode ser porque não experimentou o amor de Cristo a fundo. Talvez exista uma arrogância ou vazio em sua alma que está causando mais discórdias do que você imagina. Talvez não seja culpa de todos os outros, afinal. Você será humilde a ponto de admitir a possibilidade de que existe em sua vida um orgulho que exige arrependimento? Essa pode se revelar a maior descoberta de sua vida. Humildade e arrependimento sempre conduzem à vida e à graça. É possível que se arrepender do orgulho o conduza a um vibrante relacionamento de amor com Deus e os outros, resultando em uma plenitude de vida que você jamais experimentou.

> Visto que Deus os escolheu para ser seu povo santo e amado, revistam-se de compaixão, bondade, humildade, mansidão e paciência. Sejam compreensivos uns com os outros e perdoem quem os ofender. Lembrem-se de que o Senhor os perdoou, de modo que vocês também devem perdoar. Acima de tudo, revistam-se do amor que une todos nós em perfeita harmonia. Permitam que a paz de Cristo governe o seu coração, pois, como membros do mesmo corpo, vocês são chamados a viver em paz.
>
> Colossenses 3.12-15

Ao longo das Escrituras, vemos Deus colocar pessoas em situações aparentemente impossíveis. Então ele age milagrosamente para exibir seu poder (por exemplo, dividindo o mar Vermelho, erguendo Lázaro dos mortos, etc.). À medida que nossas discórdias crescem e se aprofundam, nos vemos novamente em uma situação que exige um milagre. Agora parece ser o momento perfeito para Deus atender à oração que Cristo fez pela unidade (Jo 17). Embora algumas pessoas na igreja contribuam para a discórdia, creio que existe um exército muito maior de crentes que estão cansados de todas as lutas e divisões desnecessárias. Há multidões de justos de joelhos orando como Cristo para que nos tornemos um. Há homens e mulheres que dispõem de uma fé semelhante à de uma criança e que estão dispostos a pagar o preço de lutar pela unidade. Mais importante: temos um Deus que executou o ato mais amoroso na história porque queria que nos tornássemos um com ele. Por que não acreditaríamos que ele agiria agora para tornar seus filhos unidos?

1
É o que a Trindade deseja

"Façamos o ser humano à nossa imagem; ele será semelhante a nós."

O que lhe vem à mente quando lê essas palavras de Gênesis 1.26? Já meditou sobre isso? Esse é um daqueles versículos que eu conhecia havia anos, mas nunca tinha chegado a analisar. Consequentemente, nunca havia pensado sobre a honra extraordinária que é ser criado à semelhança de Deus! Passei muitas horas concentrado em meu próprio pecado e em minhas fraquezas, mas nunca dediquei tempo para me maravilhar por ter sido feito como Deus.

A maioria dos que ensinam a Bíblia concorda que o uso da primeira pessoa do plural em "façamos", "nossa" e "nós" se deve ao fato de Deus estar falando como uma Trindade. Gênesis 1.2 explica que o Espírito estava presente na criação. João 1.1-3 nos conta que Jesus teve um papel ativo na criação de todas as coisas. Em um momento sagrado, Deus diz: "Façamos o ser humano à nossa imagem". Eu o incentivo a passar literalmente horas meditando nessa única frase. Agora mesmo eu o exorto fortemente a passar alguns minutos meditando sobre isso após suplicar que ele o ilumine. O resto do livro pode esperar. Na verdade, o resto deste livro fará muito mais sentido se você permitir que o Espírito Santo o conduza em uma meditação profunda sobre esse versículo.

Quando foi a última vez que você escutou alguém expressar deslumbramento sobre ter sido criado à imagem de Deus?

Tiago nos alerta a tomarmos cuidado em como falamos com as pessoas que nos cercam, porque essas pessoas foram feitas à imagem de Deus:

> O ser humano consegue domar toda espécie de animal, ave, réptil e peixe, mas ninguém consegue domar a língua. Ela é incontrolável e perversa, cheia de veneno mortífero. Às vezes louva nosso Senhor e Pai e, às vezes, amaldiçoa aqueles que Deus criou à sua imagem. E, assim, bênção e maldição saem da mesma boca. Meus irmãos, isso não está certo!
>
> Tiago 3.7-10

Fomos feitos à imagem de Deus! A maioria das pessoas sabe que isso é verdade, mas não percebe que isso é sagrado. Pensando apenas no aspecto físico, elas podem imaginar Deus como se fosse uma versão maior delas próprias. Foi o que os gregos fizeram com seus deuses e semideuses. Será mesmo sobre isso que a Bíblia está falando aqui? Acho que todos concordamos que isso é muito mais profundo do que a aparência física. Jesus explicou a uma mulher de Samaria que "Deus é Espírito, e é necessário que seus adoradores o adorem em espírito e em verdade" (Jo 4.24). O que significa ser feito à imagem de um Deus que é espírito? Embora ser criado à imagem dele possa envolver algo físico, parece mais plausível que portar a imagem dele tenha a ver sobretudo com coisas que não conseguimos ver.

Criados à imagem da Trindade

Supondo que você crê na Trindade, já pensou nas implicações de ser criado à imagem de um Deus que existe como três pessoas? Temos um Deus que existe eternamente em *relacionamento perfeito*. O que significa isso para nós, como pessoas que foram feitas à imagem dele? Precisamos ter cuidado para não especular sobre algo tão sagrado, mas Jesus nos dá bons *insights* em João 14—17. Ao que parece, fomos criados de tal forma que somos capazes de atingir unidade com Deus e uns com os outros.

Jesus explica a Filipe que qualquer um que o tenha visto viu o Pai (Jo 14.9). Essa é uma das alegações que mais gera confusões nessa história. É um conceito sem nenhum paralelo terreno, então parece contraditório. Para complicar ainda mais a questão, Jesus conta aos discípulos que enviará outro Encorajador que, na verdade, habitará "neles" (Jo 14.16-17). Todo esse discurso de Jesus desafia nossa mente e nos força a ver a nós mesmos como mais do que apenas seres materiais. No versículo 23, Jesus nos conta que ele e o Pai virão morar em nós. Em 15.4, Jesus nos diz para permanecer nele, e que ele permanecerá em nós. Em João 17.20-23, Jesus diz:

> Não te peço apenas por estes discípulos, mas também por todos que crerão em mim por meio da mensagem deles. Minha oração é que todos eles sejam um, como nós somos um, como tu estás em mim, Pai, e eu estou em ti. Que eles estejam em nós, para que o mundo creia que tu me enviaste.
>
> Eu dei a eles a glória que tu me deste, para que sejam um, como nós somos um. Eu estou neles e tu estás em mim. Que eles experimentem unidade perfeita, para que todo o mundo saiba que tu me enviaste e que os amas tanto quanto me amas.

De algum modo real, estou em Jesus, o Espírito está em mim, e o Pai e o Filho habitam em mim. Entendeu? Essa é uma declaração insana que seria uma blasfêmia se não viesse das próprias palavras de Deus! Além disso, a oração de Jesus é que todo aquele que crê se junte a essa mesma unidade perfeita de que Pai, Filho e Espírito Santo desfrutaram por toda a eternidade. Fomos criados à imagem dele, então podemos integrar essa unidade.

Precisamos passar mais tempo meditando sobre mistérios como esse. É verdade que Deus "habita em luz tão resplandecente que nenhum ser humano pode se aproximar dele", e que "ninguém jamais o viu, nem pode ver" (1Tm 6.16), e no entanto podemos estar nele assim como ele está em nós. De algum modo podemos ser "preenchidos com toda a plenitude de vida e poder que vêm de Deus" (Ef 3.19) e "participar da natureza divina" (2Pe 1.4). Essas declarações não vêm de um desejo humano de nos tornarmos semelhantes a Deus — são afirmações de Deus sobre nós! Fique sentado em silêncio e peça a Deus para lhe dar um vislumbre do que ele quis dizer nesses versículos.

Somos convidados a entrar em algo mais profundo do que o que os israelitas experimentaram (Êx 19.16-20). Eles ficaram ao pé do monte e viram Moisés ascender à presença de Deus. Moisés teve a honra de falar com Deus e ouvir Deus responder com um trovão. Por mais impressionante que seja essa cena, somos convidados a algo mais profundo. Não estamos apenas assistindo de fora e olhando para uma Pessoa em adoração. Ele nos chama a verdadeiramente entrar nele, ser preenchidos com ele e partilhar dele. Fomos criados de uma forma que torna isso possível. A crença na morte redentora de Cristo nos recria para tornar isso uma realidade (2Co 5.17). O desejo dele é ser perfeitamente um com você, mas não apenas com você. A oração de Cristo é para que sua criação desfrute daquilo para o qual foi criada: uma perfeita unidade entre Pai, Filho, Espírito Santo e todos a quem Jesus salvou.

○ Adoramos a um Deus que deseja a unidade com seus filhos e entre seus filhos.

O Pai que odeia a divisão

O Espírito que em nós habita tem ciúmes.

Tiago 4.5, RC

Esse é outro daqueles versículos que exigem oração e meditação profundas para serem compreendidos. É necessária uma fé gigantesca para crer que Deus tenha um desejo tão forte em relação a nós. Você acredita que o Espírito Santo celestial "tem ciúmes" de você? Deus criou Adão e Eva para andarem com ele pelo jardim, e nos criou não apenas para andar *com ele*, mas para entrar *nele*. Ele anseia com zelo por isso.

Os pais podem saborear uma pequena amostra das emoções de Deus com seus próprios filhos. Geramos uma vida, sabendo que o bebê um dia terá a liberdade para nos ignorar e viver independentemente, se ele ou ela assim escolher. Toda nossa esperança é que esse filho queira permanecer ligado a nós. Parte de nós quer exigir isso, porque queremos isso tão intensamente, mas sabemos que isso não é amor. A dor que os pais sentem quando os filhos querem viver de modo independente deles é uma fração da que o Criador sente. Imagine como ele se sente sabendo que alguns de seus filhos desejariam que ele não existisse. Eles estão ocupados e cansados de tentar arranjar tempo para uma visita simbólica a fim de cumprir seu dever. O desejo de ignorá-lo é tão forte que eles se convencem de que Deus não é real. Em Romanos 1, o apóstolo Paulo explica que, embora saibam que Deus existe, eles abafam a verdade. Isso mostra quão intensamente desejam se libertar de Deus.

Adoramos um Deus que deseja unidade com seus filhos *e* entre seus filhos. Ele enviou seu Filho para reunir os filhos sob seus cuidados. Nenhum bom pai quer ver separação entre os filhos. Sendo pai de sete filhos, eu ficaria arrasado se visse algum deles rejeitado e separado dos outros. Ficaria furioso se visse qualquer dos meus filhos promover a discórdia. Na lista do que Deus odeia (Pv 6.16-19), ele dá a maior ênfase àquele "que semeia desentendimento entre irmãos". Chama isso de "detestável"! Isso deveria fazer você estancar de imediato. Você deveria examinar sua própria vida neste mesmo instante para ver se é culpado de algo que o Deus Todo-poderoso tanto odeia. Se você consegue passar despreocupadamente para o próximo parágrafo, você tem um grave problema.

Sou culpado de ter semeado discórdia. Mesmo agora, ao estudar todas essas passagens sobre a discórdia, sinto-me envergonhado de minha falta de remorso. Só um Deus redentor com uma graça além da compreensão poderia ser tão paciente comigo e ainda me usar para ensinar sobre unidade. Passei a maior parte da minha vida cristã desejando que certos grupos de cristãos não existissem. Cheguei a ter a audácia de orar pela morte de certas pessoas, porque achava que sua eliminação beneficiaria o reino de Deus na terra. Eu não era apenas uma pessoa arrogante comum. Isso está um nível além! Pense no orgulho que requer postar-se diante de um Deus onisciente para compartilhar esse tipo de ideia.

Eu era rápido demais em rotular as pessoas como falsos professores, avisando aos crentes que mantivessem distância deles. Embora haja um tempo para alertar os outros sobre falsos mestres, há também um tempo para fazer a lição de casa. Sendo rápido no julgamento, cometi erros que me custaram muito. Aderi a ondas que eram populares em meu círculo teológico, atacando homens e mulheres que agora sei que são filhos amados de Deus.

Provérbios retrata isso como mais do que um "erro". Tudo isso era "detestável" para Deus.

Talvez eu fosse astuto o bastante para evitar injuriá-los abertamente em público, mas estou certo de que o sentimento que havia em meu coração escapou pela minha boca. Nenhum de nós é tão bom em fingir amor como pensamos. Além disso, só porque minhas declarações não eram feitas em público não quer dizer que Deus as detestasse menos. Cada palavra cruel dita em particular sobre um de seus filhos foi ouvida por ele. Na verdade essas palavras não foram ditas em particular, e duvido que eu as houvesse dito se tivesse consciência da presença do Pai deles na sala. Às vezes as conversas secretas são as mais perigosas. Elas semeiam as discórdias de raízes mais profundas em uma pessoa, que então transmite a difamação adiante. Isso é um discipulado profano. Deus o odeia.

Louvado seja Deus pela cruz! Agora seria um momento adequado para adorá-lo por sua misericórdia. Todos os meus atos detestáveis foram lançados sobre Jesus na cruz. Jesus morreu para pagar por nossas discórdias e nos conduzir à unidade.

O Filho que morreu para nos unir

Como tantos de nós podem ignorar a importância da unidade, quando era exatamente isso o que estava em jogo na cruz? Jesus sofreu e morreu para nos unir com o Pai e uns com os outros. Desconsiderar a unidade é menosprezar a cruz. Ao falar sobre o modo como os romanos consumiam alimentos considerados impuros sem considerar o impacto disso em seus companheiros de fé, Paulo afirma que esses cristãos estavam, na verdade, sendo "a causa da perdição de alguém por quem

Cristo morreu" (Rm 14.15). Não poderia ter sido mais contundente! Ele recorre à mesma verdade que explica em grande detalhe em Efésios:

> Agora, porém, estão em Cristo Jesus. Antigamente, estavam distantes de Deus, mas agora foram trazidos para perto dele por meio do sangue de Cristo.
>
> Porque Cristo é nossa paz. Ele uniu judeus e gentios em um só povo ao derrubar o muro de inimizade que nos separava. Ele acabou com o sistema da lei, com seus mandamentos e ordenanças, promovendo a paz ao criar para si, desses dois grupos, uma nova humanidade. Assim, ele os reconciliou com Deus em um só corpo por meio de sua morte na cruz, eliminando a inimizade que havia entre eles.
>
> Ele trouxe essas boas-novas de paz tanto a vocês que estavam distantes dele como aos que estavam perto. Agora, por causa do que Cristo fez, todos temos acesso ao Pai pelo mesmo Espírito.
>
> Portanto, vocês já não são estranhos e forasteiros, mas concidadãos do povo santo e membros da família de Deus. Juntos, somos sua casa, edificados sobre os alicerces dos apóstolos e dos profetas. E a pedra angular é o próprio Cristo Jesus. Nele somos firmemente unidos, constituindo um templo santo para o Senhor. Por meio dele, vocês também estão sendo edificados como parte dessa habitação, onde Deus vive por seu Espírito.
>
> Efésios 2.13-22

Todos nos céus fitam Jesus com admiração. Milhares de anos desde que creram pela primeira vez, eles continuam a se maravilhar dele. "Digno é o Cordeiro que foi sacrificado" (Ap 5.12). Pessoas que antes odiavam uma às outras estão louvando em uníssono. Um ato sagrado faz com que se ajoelhem em adoração, e elas se veem ajoelhando-se ao lado de outras a quem costumavam odiar.

Eu me vejo escrevendo e apagando, escrevendo e apagando nesta seção. É porque não há nada a acrescentar a Efésios 2.13-22. Não há nada confuso nessa passagem que exija explicação. Ela diz tudo. Por favor, leia-a de novo devagar e como se estivesse fazendo uma oração. É sobrenatural e deve conduzi-lo a um tempo de profundo louvor e arrependimento.

O Espírito que sofre com nossas divisões

A maioria dos cristãos sabe que o Espírito Santo é uma Pessoa, mas ainda tende a tratá-lo como uma força impessoal. Há muitas discussões sobre o que ele faz e o que não faz, muitos debates sobre o que as Escrituras dizem a seu respeito. Creio que há algo faltando na maioria dessas discussões sobre o Espírito Santo: temor.

Tente relembrar as últimas vezes em que você falou sobre o Espírito Santo. Havia reverência em seu tom ao ousar falar sobre um Deus que é muito mais poderoso do que você consegue imaginar? Você falou com humildade, demonstrando que os caminhos dele estão muito além da sua compreensão? Fico muito envergonhado por ter participado de debates informais e até mesmo arrogantes sobre o Espírito. Falei a seu respeito como se eu fosse algum tipo de especialista sobre ele. Pense no nível de orgulho e ignorância necessários para um ser humano achar que pode falar sobre o Espírito Santo como se fosse um especialista. É absolutamente ridículo! Obrigado, Senhor, por tua misericórdia.

> Do trono saíam relâmpagos, estrondos e trovões, e na frente dele havia sete tochas com chamas ardentes, que são os sete espíritos de Deus.
>
> Apocalipse 4.5

Não tenho a menor ideia de como será a primeira vez que eu vir Jesus, e não tenho nenhuma pista de como será meu primeiro encontro com o Espírito Santo. Até mesmo tentar imaginar esse momento me faz sentir como se eu estivesse pisando em terreno santo. Falar sobre ele é sagrado.

Lembro-me da primeira vez que li que o Espírito Santo poderia se entristecer (Ef 4.30). Fiquei confuso. Eu era uma daquelas pessoas que não tratavam o Espírito Santo como uma Pessoa, ainda que soubesse, teologicamente, que ele é. Mesmo nos momentos em que tive plena consciência de seu caráter de Pessoa, supus que o poder infinito dele o impedisse de se entristecer. As Escrituras refutam isso.

> Evitem o linguajar sujo e insultante. Que todas as suas palavras sejam boas e úteis, a fim de dar ânimo àqueles que as ouvirem. Não entristeçam o Espírito Santo de Deus, o selo que ele colocou sobre vocês para o dia em que nos resgatará como sua propriedade. Livrem-se de toda amargura, raiva, ira, das palavras ásperas e da calúnia, e de todo tipo de maldade.
>
> Efésios 4.29-31

O Espírito Santo se entristece, e Paulo fala de sua tristeza no contexto de nossas palavras e ações desagregadoras. Você já pensou seriamente sobre a verdade de que suas palavras podem entristecer um Deus santo? Isso deveria nos afetar profundamente.

Se o Espírito se entristece e o Espírito habita em mim, eu deveria sentir essa tristeza. Não é possível separar os dois e dizer: "Bem, o Espírito está triste, mas eu estou bem. Sou mais forte".

> Jesus morreu para pagar por nossas discórdias e nos conduzir à unidade.

Existe um grave problema se o Espírito está entristecido por nossas discórdias e, ainda assim, nós nos sentimos bem com isso.

Ajuda-me a sentir o que sentes

Apenas recentemente o Senhor me deu sabedoria para orar: "Ajuda-me a sentir o que sentes". Vi diversos exemplos nas Escrituras em que pessoas devotas sentiam o que Deus sentia e os não devotos não sentiam. Deus nunca foi um Deus que meramente desejasse que acreditássemos intelectualmente nas verdades e obedecêssemos ordens a contragosto. Ele quer o amor verdadeiro — o tipo de amor em que nos tornamos tão perfeitamente um que sentimos o que Deus sente. Na verdade, essa é uma das razões pela qual o Espírito habita em nós. O fato de que ele habita em nós cria uma unidade inseparável. Quanto mais o seu espírito se entrelaça ao dele, mais você sentirá o que ele sente, amará o que ele ama, se entristecerá com o que o entristece.

Estranhamente, tanto Ezequiel 9.4 quanto Apocalipse 9.4 falam sobre Deus assinalar a testa de seu povo para protegê-lo dos juízos que cairiam sobre o resto da humanidade. Isso se assemelha ao que aconteceu no Egito, quando o anjo destruidor poupou as casas cuja porta estava marcada com o sangue do cordeiro. Precisamos prestar atenção a esses padrões nas ações de Deus. Note como Ezequiel descreve aqueles que foram assinalados:

> [O Senhor] lhe disse: "Ande pelas ruas de Jerusalém e ponha um sinal na testa de todos que choram e gemem por causa dos pecados detestáveis cometidos em sua cidade".
>
> Em seguida, ouvi o Senhor dizer aos outros homens: "Sigam-no pela cidade e matem todos cuja testa não estiver marcada. Não

mostrem compaixão nem tenham piedade! Matem todos: idosos e jovens, meninas, mulheres e crianças pequenas. Mas não toquem naqueles que tiverem o sinal. Comecem aqui mesmo, no templo!". E eles começaram pelos setenta líderes, na entrada do templo.

Ezequiel 9.4-6

Aqueles que escaparam da ira de Deus foram aqueles que choraram e gemeram "por causa dos pecados detestáveis cometidos em sua cidade". O sinal estava reservado àqueles cujo coração se harmonizava com Deus ao chorar e gemer por causa dos pecados que os cercavam.

Ló é um personagem interessante no Antigo Testamento, e Pedro também fala sobre sua alma se entristecer:

> [Deus] resgatou Ló, tirando-o de Sodoma, por ser ele um homem justo, afligido com a vergonhosa imoralidade dos perversos ao seu redor. Sim, Ló era um homem justo, cuja alma justa era atormentada pela maldade que via e ouvia todos os dias.
>
> 2Pedro 2.7-8

Era um homem "afligido" com o pecado do mundo que o cercava. Sua "alma justa" estava "atormentada". Vivemos em um tempo muito iníquo. Não podemos permitir que nossa alma se torne indiferente ou insensível diante do mal que nos cerca. Embora seja mais fácil ignorar o que acontece no mundo, Deus ficou satisfeito com Ló porque este permitiu que sua alma ficasse atormentada. Ele sentiu o que Deus sentiu.

Acompanhe-me neste raciocínio um pouco mais. Deus ordenou a Ezequiel que gemesse "com amargura e coração quebrantado" pelo que estava acontecendo com o povo de Deus (Ez 21.6). Por meio do profeta Sofonias, Deus prometeu reunir o restante de seu povo que chorava pela perversidade do mundo

(Sf 3.18). Em Apocalipse, ele louvou a igreja em Éfeso porque "você odeia as obras dos nicolaítas, como eu também odeio" (Ap 2.2-6). Neemias chorou diante da ruína da cidade e do povo de Deus (Ne 1.4; 2.2-3), e Davi derramou "rios de lágrimas" porque o povo não estava cumprindo a lei divina (Sl 119.136). Na conclusão do livro de Jonas, Deus questionou o profeta relutante porque este não estava disposto a compartilhar a compaixão que Deus sentia pelo povo rebelde de Nínive (Jn 4.10-11). Amós repreendeu o povo por se divertir ao mesmo tempo que não se importava com a ruína da nação de Deus (Am 6.4-6).

Às vezes, quando Lisa e eu assistimos a um filme juntos, temos reações muito diferentes. É perturbador ter ficado absolutamente entediado com um filme e então olhar para Lisa e ver que ela está se desfazendo em lágrimas!

Creio que algo desse tipo acontece com frequência entre Cristo e sua noiva. Deus nos disse o que considera mais importante. Ele nos descreveu tudo o que o deixa entristecido, o que o faz chorar. Apesar disso, aqui estamos, desprezando a unidade pela qual seu Filho deu a vida e atacando uns aos outros por motivos irrelevantes! Esse cenário acontece o tempo todo. As coisas que nos incomodam não são as coisas que incomodam a Deus. Ao mesmo tempo, ele se incomoda com coisas que nos deixam indiferentes.

Deus, ajuda-nos a sentir o que tu sentes. Alinha o nosso desejo com o teu.

2
É o que você deseja

Todos nós já assistimos a vídeos que mostram a pequenez da Terra em comparação com o Sol, as estrelas, o sistema solar, a galáxia, as galáxias... Agora imagine um Ser abrindo a boca e fazendo tudo isso aparecer instantaneamente. Feche os olhos neste instante e tente compreender a força daquele momento.

Agora imagine esse Ser entrando em seu corpo.

É o que acontece no instante em que passamos a crer verdadeiramente. Muitos de nós fomos levados a acreditar que a salvação é um mero instante em que afirmamos a crucificação e a ressurreição, que resulta em escapar da ira de Deus. Se é nisso que você acredita, então não entendeu o Novo Testamento. Ser nascido de novo não consiste apenas em uma operação única e depois esperar pela morte para vivenciar os resultados. Trata-se de vivenciar a vida de Deus aqui e agora.

Um Deus que entra em uma pessoa sem causar qualquer efeito perceptível não parece um Deus que valha a pena adorar. Não é uma descrição adequada do Deus sobre o qual li nas Escrituras. Ao contrário: adoro um Deus cujo poder de ressurreição dá vida aos mortos e mata o que lhe causa desagrado.

> Também oro para que entendam a grandeza insuperável do poder de Deus para conosco, os que cremos. É o mesmo poder grandioso que ressuscitou Cristo dos mortos e o fez sentar-se no lugar de honra, à direita de Deus, nos domínios celestiais. Agora ele está muito acima de qualquer governante, autoridade, poder, líder ou qualquer outro nome não apenas neste mundo, mas

também no futuro. Deus submeteu todas as coisas à autoridade de Cristo e o fez cabeça de tudo, para o bem da igreja. E a igreja é seu corpo; ela é preenchida e completada por Cristo, que enche consigo mesmo todas as coisas em toda parte.

Efésios 1.19-23

E, se o Espírito de Deus que ressuscitou Jesus dos mortos habita em vocês, o Deus que ressuscitou Cristo Jesus dos mortos dará vida a seu corpo mortal, por meio desse mesmo Espírito que habita em vocês. Portanto, irmãos, vocês não têm de fazer o que sua natureza humana lhes pede, porque, se viverem de acordo com as exigências dela, morrerão. Se, contudo, pelo poder do Espírito, fizerem morrer as obras do corpo, viverão, porque todos que são guiados pelo Espírito de Deus são filhos de Deus.

Romanos 8.11-14

Espero que tudo dentro de você esteja transbordando de entusiasmo. Oro para que esses versículos o habilitem a andar com segurança, confiante de que possui o poder da ressurreição para superar tudo. Pedro nos conta que isso nos permite "participar da natureza divina" (2Pe 1.4). Absorva essa informação.

Somos conduzidos por um Deus que deseja unidade! Essa é a razão pela qual os verdadeiros crentes tendem a se unir. Compartilhamos um milagre. Éramos fracos e estávamos mortos; então, tudo mudou. Experimentamos uma graça que nos deixa sem fala. Imagine que você e um estranho qualquer estão se encolhendo de dor por haverem contraído uma doença letal. Agora vocês estão cegos, berrando em agonia, e à beira da morte. Um homem se aproxima de vocês dois e os cura milagrosamente, restaura-lhes a visão e entrega a cada um um bilhão de dólares. Imagine o olhar que vocês lançariam um ao outro ao receber o presente. Essa é a expressão de estupefação que deveria unir os crentes. Deveríamos fitar um ao outro com um olhar que diz: "O que acabou de nos acontecer? Passamos de inimigos de Deus a filhos de Deus! Nosso destino eterno simplesmente mudou! E O DEUS VIVO ACABOU DE ENTRAR EM NOSSO CORPO!"

Por que os cristãos não fitam um ao outro com esse olhar? Será possível que não tenhamos experimentado esse milagre? Se o tivéssemos experimentado, não deveríamos estar tão eufóricos com isso que dificilmente notaríamos nossas diferenças?

Divisão inevitável

> Primeiro, ouço que há divisões quando vocês se reúnem como igreja e, até certo ponto, eu o creio. Suponho que seja necessário haver divisões entre vocês para que se reconheçam os que são aprovados!
>
> 1Coríntios 11.18-19

Paulo diz aos coríntios que a discórdia, no caso deles, era inevitável, porque alguns deles não eram aprovados, ou seja, não eram legítimos. Os verdadeiros crentes deveriam se destacar. O apóstolo João também fala sobre isso. João explica que algumas discórdias acontecem porque nem todos os que comparecem às reuniões são verdadeiramente parte de nós. "Eles saíram de nosso meio, mas, na verdade, nunca foram dos nossos; do contrário, teriam permanecido conosco" (1Jo 2.19). Ao longo da carta, João alerta que qualquer um que alegue ser cristão, mas não demonstre mudança de comportamento, é mentiroso. Esses versículos deveriam apavorar qualquer um que se sente seguro em uma fé que não produz obras. Leia os versículos seguintes com essa questão em mente: quando uma pessoa experimenta a salvação, deveríamos esperar que sua vida mudasse?

> Portanto, se afirmamos que temos comunhão com ele mas vivemos na escuridão, mentimos e não praticamos a verdade.
>
> 1João 1.6

> E sabemos que o conhecemos se obedecemos a seus mandamentos. Se alguém diz: "Eu o conheço", mas não obedece a seus mandamentos, é mentiroso e a verdade não está nele. Mas quem obedece à palavra de Deus mostra que o amor que vem dele está se aperfeiçoando em sua vida. Desse modo, sabemos que estamos nele. Quem afirma que permanece nele deve viver como ele viveu.
>
> 1João 2.3-6

> Se alguém afirma: "Estou na luz", mas odeia seu irmão, ainda está na escuridão. Quem ama seu irmão permanece na luz e não leva outros a tropeçar.
>
> 1João 2.9-10

> Quem permanece nele não continua a pecar. Mas quem continua a pecar não o conhece e não entende quem ele é. [...] Assim, podemos identificar quem é filho de Deus e quem é filho do diabo. Quem não pratica a justiça e não ama seus irmãos não pertence a Deus.
>
> 1João 3.6,10

> Se amamos nossos irmãos, significa que passamos da morte para a vida. Mas quem não ama continua morto. Quem odeia seu irmão já é assassino. E vocês sabem que nenhum assassino tem dentro de si a vida eterna.
>
> 1João 3.14-15

Se alguém tem recursos suficientes para viver bem e vê um irmão em necessidade, mas não mostra compaixão, como pode estar nele o amor de Deus? Filhinhos, não nos limitemos a dizer que amamos uns aos outros; demonstremos a verdade por meio de nossas ações.

1João 3.17-18

Amados, continuemos a amar uns aos outros, pois o amor vem de Deus. Quem ama é nascido de Deus e conhece a Deus. Quem não ama não conhece a Deus, porque Deus é amor.

1João 4.7-8

Nós amamos porque ele nos amou primeiro. Se alguém afirma: "Amo a Deus", mas odeia seu irmão, é mentiroso, pois se não amamos nosso irmão, a quem vemos, como amaremos a Deus, a quem não vemos? Ele nos deu este mandamento: quem ama a Deus, ame também seus irmãos.

1João 4.19-21

Sabemos que amamos os filhos de Deus se amamos a Deus e obedecemos a seus mandamentos. Amar a Deus significa obedecer a seus mandamentos. E seus mandamentos não são difíceis.

1João 5.2-3

João usa linguagem clara para mandar uma mensagem simples, mas vital: ser cristão não é fazer declarações sobre qual religião se segue. Ser cristão significa que Cristo entrou em você, preencheu-o com seu amor, e está vertendo sua vida através de você para as pessoas que o cercam. Se você já experimentou o amor de Jesus, um amor capaz de mudar vidas, estará transbordando com amor a Deus e aos outros. É simples assim. Se você tende à discórdia e desunião, se tem dificuldade em amar seus irmãos e irmãs, então precisa se fazer a pergunta: o Espírito de Deus realmente entrou em mim?

○ Ser a cristão significa que Cristo entrou em você, preencheu-o com seu amor, e está vertendo sua vida através de você para as pessoas que o cercam.

Se essas passagens criam insegurança em você, não siga em frente simplesmente. Pegue a Bíblia e leia 1João. Pode-se ler o livro inteiro em menos de dez minutos. João explica que escreveu essas palavras para que a verdadeira comunhão pudesse acontecer (1Jo 1.3). Essas palavras visavam trazer alegria e segurança de nossa salvação. Se trazem preocupação e dúvida, oro para que tudo se modifique à medida que você ler.

O pior que você pode fazer a essa altura é ficar na defensiva. Seria uma tolice argumentar que João está errado e dizer que sua salvação foi real, apesar da falta de mudança em sua vida. Estamos falando sobre a diferença entre eternidade no céu ou no inferno. Até a pessoa mais arrogante deveria ser sacudida e levada a fazer um exame honesto diante da gravidade disso.

Talvez você se lembre do momento da sua "conversão" — as lágrimas, as emoções. Você se lembra do pastor garantindo que a profissão de fé era prova de sua fé. Minha experiência foi assim também. Não estou dizendo que não tenha sido real. Estou dizendo que, se foi real, João afirma que a mudança de vida subsequente também aconteceria.

Ter garantia da salvação

Lembro-me de orar alguma versão da "oração do pecador". Embora essa oração não esteja em nenhum lugar das Escrituras, não é errado orá-la. Apenas é tolice confiar nela como prova de sua salvação. Eu era adolescente, e meus pais já haviam falecido, quando fiz essa oração. Vi como a vida podia acabar de repente e precisava estar seguro do lugar para onde iria se morresse inesperadamente. Orei algo do tipo: "Deus, sei que pequei contra ti. Creio que Jesus morreu na cruz para pagar por meus pecados. Por favor entra em minha vida agora e faz de mim o tipo de pessoa que queres que eu seja". Um pastor então me garantiu que, se eu morresse, iria para o céu.

Ainda me lembro dos versículos que foram usados pelos pastores depois da chamada ao altar.

> Preste atenção! Estou à porta e bato. Se você ouvir minha voz e abrir a porta, entrarei e, juntos, faremos uma refeição, como amigos.
>
> Apocalipse 3.20

> Escrevi estas coisas a vocês que creem no nome do Filho de Deus para que saibam que têm a vida eterna.
>
> 1João 5.13

Disseram-me que Jesus estava batendo à porta do meu coração. Se eu cresse em sua obra na cruz e o deixasse entrar em meu coração, poderia ter certeza de que iria para o céu um dia. Não estou negando que há muita verdade nessa afirmação. Deus seja louvado pela obra que realizou na cruz! Aqueles de nós que confiam nele serão salvos. Isso é verdade. O que também é verdade, no entanto, é que a fé genuína resultará em mudança de vida. Se a conversão foi real, a transformação também será.

Aquele pastor não compartilhou comigo o contexto desses versículos. Como vimos anteriormente, 1João 5.13 só pode ser compreendido em contexto, junto com o restante de 1João.

O livro inteiro trata dos sinais de um verdadeiro crente; no capítulo 5, João explica que tudo isso foi escrito para que "saibam que têm a vida eterna". Como você pode saber? Você verá em si mesmo as características mencionadas nos primeiros cinco capítulos! Jesus, em Apocalipse 3, fala com aquele que é como "água morna". Ele descreve essa pessoa como alguém que é "infeliz, miserável, pobre, cego e está nu". Explica que essa pessoa será vomitada de sua boca ao final. Jesus está batendo à porta, chamando-o a se arrepender e se salvar verdadeiramente. Leia a passagem você mesmo. Aquele que é morno não é salvo! Enfatizo isso porque não consigo contar as vezes em que escutei pessoas falando despreocupadamente ou mesmo jocosamente sobre quão mornas elas são. Não entendo! Você não percebe que, ao reconhecer isso, está admitindo que não foi salvo — que logo irá enfrentar a ira de Deus? Por mais claramente que eu diga isso, as pessoas ainda se descrevem como mornas sem medo aparente na voz.

A irmandade dos mornos

Enquanto acreditarmos que não existem cristãos mornos, nunca teremos unidade. Vou dizer outra vez: pessoas mornas não são cristãs! Não sou eu quem diz isso. Leia Apocalipse 3. Mais uma vez, essa é a *razão* pela qual Cristo está batendo à porta. Ele está lhe pedindo que o deixe entrar, porque ainda não está em você! Você ainda está nas trevas. A luz não pode ter comunhão com as trevas (2Co 6.14).

Ainda existem pessoas demais no mundo que acreditam piamente que podem ser salvas pela morte redentora de Cristo sem segui-lo como seu Senhor. Como expliquei diversas vezes neste capítulo, não existem pessoas salvas. Como tantas delas se dizem cristãs, isso obscurece a questão da unidade cristã.

Sempre que houver pessoas que se recusam a se entregar tentando obter unidade perfeita com aquelas que entregaram sua vida inteira a Cristo alegremente, teremos um caos completo. Os que não se entregaram sempre estarão em conflito com os seguidores de Cristo, pressionando para que seus pecados sejam ignorados e lutando por seus próprios desejos de maneiras iníquas.

Pessoas mornas conseguem conviver perfeitamente com outras pessoas mornas. Sentam-se juntas e ficam consolando umas às outras quanto a seus pecados. Contam com estudos bíblicos e grupos de apoio, e dizem que as pessoas podem ser salvas com poucos frutos ou nenhum fruto na vida. Afinal, Deus opera de modo diferente em pessoas diferentes. Elas talvez falem de igrejas anteriores que falharam com elas e fizeram com que pecassem e se afastassem de Deus. Encontram um denominador comum julgando os radicais que ousam pensar que Cristo chama todos a negarem a si mesmos e tomarem sua cruz. Fazem exegeses de passagens juntas, cantam juntas, tomam a Ceia juntas e aconselham umas às outras. Podem até zombar juntas daqueles que acreditam que as ordens das Escrituras ainda são válidas hoje em dia.

Quando a unidade é fácil

Da mesma forma, a unidade dos que se entregaram acontece quase sem esforço. Sempre que encontro pessoas que se assemelham a "um sacrifício vivo" (Rm 12.1), que sofrem pelo evangelho, sinto-me pronto a lhes dar tudo o que tenho. Sinto uma afinidade imediata e um vínculo no Espírito. Sua vida se assemelha à vida de Cristo. Amá-los e servi-los é uma honra, porque me sinto como se estivesse servindo ao próprio Cristo.

Os crentes perseguidos não precisam se esforçar muito para sentir um profundo vínculo uns com os outros.

Todos conhecemos pessoas tão repletas do Espírito que parecem brilhar. Sua intimidade com Cristo é visível. Evoca pensamentos do rosto brilhante de Moisés depois de estar com Deus. Quando essas pessoas radiantes se encontram umas com as outras, alternam-se falando sobre como Deus as abençoou. Deus é o herói de todas as histórias que contam, e a camaradagem não exige esforço. É raro encontrar pessoas transbordando de paz e alegria em Cristo tendo conflitos umas com as outras. Eu nunca vi.

> Se você já experimentou o amor de Jesus, um amor capaz de mudar vidas, estará transbordando com o amor a Deus e aos outros. É simples assim.

Os verdadeiros crentes podem alcançar a unidade, e as pessoas mornas que insistem em se dizerem cristãs podem alcançar a unidade. Os problemas surgem quando tentamos juntar umas com as outras. Aqueles que foram perseguidos terão dificuldades inimagináveis para se harmonizar com aqueles que acreditam que o evangelho deve sempre trazer prosperidade. Aqueles que amam a pureza nunca terão paz com aqueles que estão constantemente dizendo coisas como: "Com certeza Deus não vai se importar…". Aqueles que se arriscam pelo evangelho nunca entenderão as pessoas que lhes suplicam para não fazer isso. Aqueles que vivenciam e demonstram o amor de Cristo sempre lutarão com aqueles que apenas falam sobre isso.

Por que Zaqueu e o jovem rico pertenciam a igrejas diferentes

Lucas 18 e 19 descrevem Jesus e seus encontros com dois homens ricos. Além de serem podres de ricos, eles tinham muito pouco em comum.

Em Lucas 18, Jesus encontra um homem rico de alta posição. Ele se aproxima de Jesus e lhe faz a pergunta que todos gostaríamos que nossos amigos nos fizessem: "Que devo fazer para herdar a vida eterna?". Jesus respondeu de modo diferente do que qualquer um de nós responderia. Após lembrá-lo dos mandamentos, Jesus declarou: "Ainda há uma coisa que você não fez. Venda todos os seus bens e dê o dinheiro aos pobres. Então você terá um tesouro no céu. Depois, venha e siga-me". As Escrituras contam que o homem se afastou com tristeza, pois era extremamente rico (Lc 18.18-23). Ele não viu o valor de Jesus.

No capítulo seguinte, Jesus surpreende Zaqueu, o cobrador de impostos (e todos em Jericó), ao convidar-se para hospedar-se na casa dele. Zaqueu recebe Jesus com alegria e, aparentemente sem que Jesus sugerisse nada, anuncia que dará metade de suas riquezas aos pobres e devolverá o quádruplo do valor às pessoas de quem cobrou impostos a mais. Zaqueu estava tão repleto de felicidade pelo fato de Jesus haver entrado em sua casa que *queria* se sacrificar por ele (Lc 19.1-9).

Agora, imagine o que aconteceria se esses dois homens estivessem juntos em um grupo de comunhão. O jovem rico relata o encontro com Jesus e sua frustração de que Jesus não tenha ficado satisfeito com o que ele já sacrificara. Por acaso

Jesus não valorizava os anos que ele passara cumprindo fielmente a lei? As outras pessoas começam a consolá-lo: "Claro que Jesus valoriza essas ações. Ele não quis dizer literalmente *todos* os seus bens; isso não seria uma boa política de administração". Quando Zaqueu tenta interromper compartilhando algumas de suas experiências e por que ele acredita que Jesus vale qualquer sacrifício, é rotulado como radical e talvez até considerado hipócrita.

Ao final, Zaqueu perde o ânimo e vai embora. Em seu espírito, ele deseja a unidade com o Corpo de crentes. Mas não pode existir camaradagem quando ele está na luz e eles ainda estão presos às trevas. Se eles não estão seguindo o mesmo Senhor, não podem andar juntos.

Santificação *versus* entrega

Talvez você esteja se perguntando: "A vida cristã não é um processo de santificação? Ninguém passa de repente a viver uma vida perfeitamente santa no momento em que começa a seguir Jesus. A maturidade é um processo. Não podemos simplesmente abandonar os bebês cristãos, podemos?".

Há muito de verdade nisso. A santificação é, de fato, um processo, mas o problema surge quando começamos a igualar a santificação à entrega. Como resultado da santificação, você se entregará mais plena, pronta e alegremente. Entretanto, é um erro acreditar que a entrega é a marca da maturidade, e não uma exigência para a salvação. Ouça as palavras de Jesus para aqueles que desejam segui-lo:

> Disse ele à multidão: "Se alguém quer ser meu seguidor, negue a si mesmo, tome diariamente sua cruz e siga-me. Se tentar se

apegar à sua vida, a perderá. Mas, se abrir mão de sua vida por minha causa, a salvará".

Lucas 9.23-24

Quando andavam pelo caminho, alguém disse a Jesus: "Eu o seguirei aonde quer que vá".

Jesus respondeu: "As raposas têm tocas onde morar e as aves têm ninhos, mas o Filho do Homem não tem sequer um lugar para recostar a cabeça".

E a outra pessoa ele disse: "Siga-me".

O homem, porém, respondeu: "Senhor, deixe-me primeiro sepultar meu pai".

Jesus respondeu: "Deixe que os mortos sepultem seus próprios mortos. Você, porém, deve ir e anunciar o reino de Deus".

Outro, ainda, disse: "Senhor, eu o seguirei, mas deixe que antes me despeça de minha família".

Mas Jesus lhe disse: "Quem põe a mão no arado e olha para trás não está apto para o reino de Deus".

Lucas 9.57-62

Uma grande multidão seguia Jesus, que se voltou para ela e disse: "Se alguém que me segue amar pai e mãe, esposa e filhos, irmãos e irmãs, e até mesmo a própria vida, mais que a mim, não pode ser meu discípulo. E, se não tomar sua cruz e me seguir, não pode ser meu discípulo.

"Quem começa a construir uma torre sem antes calcular o custo e ver se possui dinheiro suficiente para terminá-la? Pois, se completar apenas os alicerces e ficar sem dinheiro, todos rirão dele, dizendo: 'Esse aí começou a construir, mas não conseguiu terminar!'.

"Ou que rei iria à guerra sem antes avaliar se seu exército de dez mil poderia derrotar os vinte mil que vêm contra ele? E, se concluir que não, o rei enviará uma delegação para negociar um acordo de paz enquanto o inimigo está longe. Da mesma forma, ninguém pode se tornar meu discípulo sem abrir mão de tudo que possui".

Lucas 14.25-33

Jesus não deu nenhuma oportunidade a nenhum cristão que o aceite como Salvador, mas que ainda esteja decidindo se ele pode ser Senhor ou não. Criamos uma categoria de "cristãos" que não existe. O verdadeiro crente deve reconhecer Jesus como Senhor.

Isso não significa que os verdadeiros crentes não tenham dificuldades ou que não irão continuamente pedir ajuda a Jesus pelo resto da vida. Mas, bem no fundo, precisa haver um desejo de se tornar mais semelhante a Jesus e uma disposição de se sacrificar por amor a ele. Trata-se de seguir um caminho rumo à perfeição. Apesar de nenhum crente na face da terra ter chegado lá, há sinais de claro progresso. Se você está indo de carro de São Francisco a Nova York, verá que chega, lenta mas constantemente, mais perto de seu destino.

Algumas pessoas estão em estágios iniciais dessa jornada, e outras estão se movendo muito devagar. As Escrituras ordenam àqueles de nós que somos fortes a tolerar pacientemente essas pessoas e fortalecê-las no amor. Quando elas tropeçam, devemos ajudá-las com um Espírito de gentileza. Se elas forem verdadeiramente parte do Corpo, é nossa a obrigação de nutri-las e acalentá-las e de reconhecer que precisamos delas. E isso às vezes será frustrante. A meta desta seção não é, de forma alguma, isentar ninguém dessa responsabilidade nem promover um espírito de zelo hipócrita.

Há uma unidade bela e honrosa a Deus que pode e deve ocorrer entre crentes mais fracos e mais fortes, mais novos e mais velhos. Devemos lutar por essa unidade, e o resultado será uma edificação mútua maravilhosa. Todavia, creio que há muita gente nas igrejas que não segue de fato Jesus, e com elas não pode haver unidade. É nossa responsabilidade questioná-las amorosamente e chamá-las ao alto. Mas, se elas continuarem não mudando, *nunca* devemos baixar o nível de exigências em nome da unidade.

"Quem tem ouvidos para ouvir, ouça" era uma frase que Jesus usava com frequência. O que ele queria dizer era que nem todos eram capazes de ouvir sua mensagem. Apenas suas ovelhas conseguiam ouvir sua voz e se aproximavam (Jo 10.3-5). Mesmo agora, quando ele chama sua Noiva para que esteja em união perfeita, suas ovelhas o ouvirão. Muitos de vocês que estão lendo isso leram Atos 4.32-35 e gostariam que a igreja pudesse agir daquela forma novamente. Você deseja isso porque é o que ele deseja, e ele habita em você.

> Todos os que creram estavam unidos em coração e mente. Não se consideravam donos de seus bens, de modo que compartilhavam tudo que tinham. Com grande poder, os apóstolos davam testemunho da ressurreição do Senhor Jesus, e sobre todos eles havia grande graça. Entre eles não havia necessitados, pois quem possuía terras ou casas vendia o que era seu e levava o dinheiro aos apóstolos, para que dessem aos que precisavam de ajuda.
>
> Atos 4.32-35

Muitos de nós sentem inveja dos primeiros cristãos que experimentaram essa união de todos os crentes "em coração e mente". Sonhamos em viver naqueles dias em que havia uma igreja repleta de pessoas que amavam umas às outras profundamente e não tinham nenhum amor a seus bens. Somos as mesmas pessoas cujo coração se parte quando lemos a história sobre o primeiro cisma da igreja no ano de 1054. Por mais de mil anos, houve apenas uma igreja. Eles tinham sua cota de problemas, mas o mundo via apenas uma igreja. Depois do cisma, a igreja se tornou oficialmente duas facções que excomungaram uma à outra. Alguns de nós detestam isso e desejariam que nunca houvesse acontecido! Anos depois havia três grupos de cristãos, a seguir quatro, e cada cisma que se seguiu tornou mais justificável para o grupo seguinte se fragmentar. Milhares de denominações depois, muitos de nós não aguentam mais. Estamos cansados de escutar todos os vários professores explicando por que temos de segui-los e nos afastar do rebanho. Queremos ser um novamente. A boa notícia é que Jesus quer isso ainda mais do que nós.

3
É do que o mundo precisa

Quando eu era jovem, as igrejas pregavam sobre o inferno. Era claro para nós que a Bíblia falava de uma punição severa ao pecado depois que morremos. Essa verdade nos dava uma sensação de urgência de contar às pessoas sobre Jesus, que viera para salvá-las desse destino. Sentíamos que alertar alguém sobre o julgamento era o gesto mais amoroso que podíamos fazer. Essa foi a forma como os cristãos pensaram por dois mil anos.

Então uma mudança ocorreu. Para ampliar a presença de público na igreja, os pastores começaram a ensinar sobre assuntos que as pessoas queriam ouvir, e o Dia do Julgamento não fazia parte da lista. Com o passar do tempo, pastores que falavam sobre o juízo vindouro eram rotulados como pregadores de "fogo e enxofre", que tentavam apavorar as pessoas para que cressem em Jesus. O inferno se tornou assunto tabu. As pessoas começaram a questionar se a ira de Deus podia coexistir com sua graça e amor. Quando nossa cultura começou a questionar se era moralmente correto punir alguém, os cristãos passaram a se fazer uma pergunta semelhante: como pode um Deus amoroso punir? Do jeito que as coisas estão hoje, até as igrejas que ainda acreditam tecnicamente no inferno raramente falam sobre ele. Muitas abandonaram a doutrina por completo.

Esse afastamento da visão ortodoxa do inferno consolou muitos cristãos, porque combinava mais com seu estilo de vida. Nossa falta de evangelismo não faria sentido se acreditássemos no inferno. Se eu de fato acreditasse no Dia do Julgamento em sentido literal, com consequências eternas, será que não alertaria, em desespero, as pessoas a quem amo? Poucos desejam ser considerados radicais ou maníacos. Então, em vez de ajustar nossa vida, ajustamos nossa teologia. Enquanto alguns tentam reinterpretar passagens sobre a ira de Deus, a maioria simplesmente as ignora. Todos estão mais felizes assim.

> Vi um grande trono e aquele que estava sentado nele. A terra e o céu fugiram de sua presença, mas não encontraram lugar para se esconder. Vi os mortos, pequenos e grandes, em pé diante do trono de Deus. E foram abertos os livros, incluindo o Livro da Vida. Os mortos foram julgados segundo o que haviam feito, conforme o que estava registrado nos livros. O mar entregou seus mortos, e a morte e o mundo dos mortos também entregaram seus mortos. E todos foram julgados de acordo com seus atos. Então a morte e o mundo dos mortos foram lançados no lago de fogo. Esse lago de fogo é a segunda morte. E quem não tinha o nome registrado no Livro da Vida foi lançado no lago de fogo.
>
> Apocalipse 20.11-15

> Em sua justiça, Deus pagará com aflição aqueles que afligem vocês. Deus concederá descanso a vocês, que são afligidos, e também a nós, na revelação do Senhor Jesus, quando ele vier do céu. Virá com seus anjos poderosos, em chamas de fogo, trazendo juízo sobre os que não conhecem a Deus e sobre os que se recusam a obedecer às boas-novas de nosso Senhor Jesus. Eles serão punidos com destruição eterna, separados para sempre da presença do Senhor e de seu glorioso poder. No dia em que ele vier, receberá glória de seu povo santo e louvores de todos os que creem. E isso inclui vocês, pois creram naquilo que lhes dissemos a respeito dele.
>
> 2Tessalonicenses 1.6-10

Ludibriados

Se as Escrituras descrevem tão claramente o juízo vindouro, como podem tantos que alegam ser cristãos ignorar essas passagens? A Bíblia ensina que temos um Inimigo real, embora pesquisas recentes mostrem que a maioria dos cristãos neste país não acredita mais nem mesmo no diabo.[2] Para os propósitos deste capítulo, vou supor que você seja um daqueles que ainda acreditam. Não faria sentido que Satanás quisesse que duvidássemos do juízo por vir? É o momento mais aterrorizante ou glorioso na existência de todo ser humano, e no entanto raramente pensamos nele. Durante as últimas décadas, Satanás tem feito um trabalho de mestre para nos distrair e eliminar o medo do juízo. Quando foi a última vez que você encontrou alguém alertando as pessoas veementemente sobre o Dia do Julgamento?

> Pois todos nós teremos de comparecer diante do tribunal de Cristo, para que cada um receba o que merecer pelo bem ou pelo mal que tiver feito neste corpo terreno. Assim, conhecendo o temor ao Senhor, procuramos persuadir outros. Deus sabe que somos sinceros, e espero que vocês também o saibam.
>
> 2Coríntios 5.10-11

Apesar de todo o esforço do Inimigo, ainda resta um grupo de bom tamanho daqueles que, como Paulo observa, conhecem "o temor do Senhor" e procuram "persuadir os outros". Embora os números possam parecer estar diminuindo, ainda existe um exército daqueles que estão convencidos de que irão "comparecer diante do tribunal de Cristo". Se você fosse Satanás, como os desencorajaria? Sei o que eu faria. Eu os manteria afastados da única coisa que Deus disse que salvaria as pessoas: a unidade.

O mais importante é que vocês vivam em sua comunidade de maneira digna das boas-novas de Cristo. Então, quando eu for vê-los novamente, ou mesmo quando ouvir a seu respeito, saberei que estão firmes e unidos em um só espírito e em um só propósito, lutando juntos pela fé que é proclamada nas boas-novas. Não se deixem intimidar por aqueles que se opõem a vocês. Isso é um sinal de Deus de que eles serão destruídos, e vocês serão salvos.

Filipenses 1.27-28

Apesar de a maioria das pessoas agora parecer duvidar da ira de Deus e da destruição, a Bíblia diz que há um modo de provar que o julgamento está vindo. Se os cristãos compartilham destemidamente o evangelho "unidos em um só espírito e em um só propósito, lutando juntos", isso seria um "sinal de Deus de que eles serão destruídos". Então, se eu fosse o Inimigo e meu objetivo fosse manter as pessoas duvidando do juízo de Deus até ser tarde demais, o que eu faria é óbvio: dividiria a igreja. Removeria o poder. Com o tempo, até os mais dedicados perderão o ânimo.

Paramédicos falando palavrões

Eu era adolescente quando entendi o que Jesus fez na cruz. Minha inclinação natural era contar aos amigos sobre o perdão de Deus e alertá-los do juízo vindouro. Matava aula para falar com as pessoas sobre Jesus. Devo ter trazido uns cem amigos para meu grupo de jovens para que eles pudessem ouvir sobre Jesus. Eu sonhava em levar a escola toda para ouvir o evangelho. Estava obcecado em transmitir a mensagem aos amigos. Quanto mais permanecia na igreja, contudo, menos me concentrava na missão. Passava cada vez mais tempo com outros cristãos, e tinha cada vez menos amigos não crentes. Raramente incitávamos um ao outro a agir como Deus havia mandado. Nossa versão de irmandade passou a ser ir para uma lanchonete e falar sobre nossas famílias.

Quanto mais negligenciávamos nossa missão, menos probabilidade havia de encontrarmos a verdadeira unidade. Nossa missão comum devia nos conduzir à unidade. Lisa e eu estamos unidos. Não é porque nos esforçamos para isso, mas porque permanecemos concentrados em nosso propósito no mundo. Permanecemos ocupados em nossos objetivos comuns de alcançar os que ainda não foram alcançados, cuidar dos pobres e treinar crentes para o ministério. O ganho adicional de perseguir um objetivo comum é nossa unidade. Isso vem acontecendo durante os 27 anos de um casamento incrivelmente feliz. A unidade é um subproduto da missão.

Uma vez que tiramos o foco de nosso chamado e o dirigimos para nós mesmos ou um para o outro, os conflitos começam a se infiltrar. Isso tem acontecido não só conosco, mas também com toda a nossa família e igreja.

Como um casamento sem propósito, muitas igrejas se esqueceram do objetivo de sua existência. Logo elas passam a se concentrar nas queixas dos cristãos, em vez de nos clamores dos perdidos. Ficamos mais comovidos com os cristãos que saem para ir para uma outra igreja do que com as pessoas que morrem e vão para o inferno. Algo está terrivelmente errado quando sofremos mais profundamente pelo fato de as pessoas nos rejeitarem do que por aqueles que rejeitam o Messias.

Paulo estava tão focado na disseminação do evangelho que se alegrava com a divulgação do evangelho mesmo quando isso estava sendo feito pelos motivos errados.

É verdade que alguns anunciam a Cristo por inveja e rivalidade, mas outros o fazem de boa vontade. Estes pregam por amor, pois sabem que fui designado para defender as boas-novas. Aqueles, no entanto, anunciam a Cristo por ambição egoísta, não com sinceridade, mas com o objetivo de aumentar meu sofrimento enquanto estou preso. Mas nada disso importa. Sejam as motivações deles falsas, sejam verdadeiras, a mensagem a respeito de Cristo está sendo anunciada, e isso me alegra.

Filipenses 1.15-18

Ele entendia a urgência da situação. Não era difícil para ele deixar seus sentimentos de lado quando via que o verdadeiro evangelho estava sendo pregado. Estava recebendo ataques deliberados, mas isso não o perturbava — desde que o evangelho fosse proclamado. É como um paramédico falando palavroes para você enquanto está tentando salvar a vida da sua esposa. É possível ignorar os próprios sentimentos quando alguém a quem amamos está em sério perigo. Não há maior perigo do que uma eternidade longe de Deus. Precisamos de Deus para restaurar nossa preocupação com o destino dos que não creem. É quando nos preocuparmos com eles o suficiente que poremos de lado nossas diferenças para, juntos, os alcançarmos.

Tenho uma ideia melhor

Às vezes o sonho de uma igreja unida parece inatingível, por isso nos ocupamos com metas que estão dentro de nosso alcance. Ainda que acreditemos que nossa unidade causaria impacto no mundo, não estamos de modo algum perto disso, então encontramos outros métodos de atrair os perdidos. O método de Deus parece difícil demais, portanto inventamos ideias "melhores". Precisamos ter muito cuidado com esse raciocínio. Ele parece perigosamente semelhante àquele feito por Saul, e que lhe custou o reinado.

Em 1Samuel 13, Samuel diz a Saul que o Senhor vai lhe tirar o reinado e entregá-lo a outro, a "um homem segundo o coração de Deus". Apenas dois capítulos antes, a Bíblia nos conta como o Espírito de Deus veio sobre Saul e como este reuniu todo o povo de Israel para obter uma grande vitória sobre os inimigos. Vemos nos capítulos 10 e 11 que, quando Saul é criticado pelos outros, mantém a tranquilidade e resolve não se vingar quando surge a oportunidade. Saul glorifica a Deus pela vitória militar, faz ofertas de paz e todos se alegram. Ele parece um líder eficiente e um homem sábio. Então, o que deu errado?

No capítulo 13, Saul está prestes a entrar em guerra com os filisteus. Samuel tinha dito a Saul que viria em sete dias para apresentar o holocausto e ofertas de paz ao Senhor diante do exército que iria para a batalha. Saul esperou sete dias, mas Samuel não deu as caras. As pessoas cansaram de esperar, e Saul não quis ir para a guerra sem fazer as ofertas a Deus, de modo que ele mesmo ofereceu o holocausto. Isso não faz sentido para você? Para mim faz. Samuel se atrasou, Saul precisava partir para a guerra, mas sabia que não devia partir sem fazer a oferta de paz primeiro. Se eu estivesse no lugar dele, creio que faria o mesmo que ele fez. Parece uma decisão bastante lógica.

Deus não vê dessa forma. Ele envia Samuel para repreender Saul por agir como um tolo e lhe diz que, devido a essa desobediência, seu reinado não permanecerá. Parece uma punição severa para uma transgressão compreensível.

No capítulo 15, vemos uma cena bastante similar acontecer. Saul recebe a ordem de atacar os amalequitas e destruir tudo, até seus rebanhos. Mas Saul e o povo, vendo que alguns dos animais eram excelentes, guardaram a melhor parte deles para sacrificá-los ao Senhor. Novamente, parece uma decisão razoável. Os animais iriam morrer de qualquer forma, e o povo não os estava guardando para eles mesmos por cobiça, e sim para sacrificá-los a Deus. Entretanto, quando Samuel escuta isso, responde:

> O que agrada mais ao Senhor:
> holocaustos e sacrifícios
> ou obediência à voz dele?
> Ouça! A obediência é melhor que o sacrifício,
> e a submissão é melhor que ofertas de gordura de carneiros.
> A rebeldia é um pecado tão grave quanto a feitiçaria,
> e persistir no erro é um mal tão grave quanto adorar ídolos.
> Assim como você rejeitou a ordem do Senhor,
> ele o rejeitou como rei.
>
> 1Samuel 15.22-23

> Meu temor é que, talvez sem sequer perceber, tenhamos caído no hábito muito perigoso de desprezar as ordens de Deus em favor de nossa lógica.

Nas palavras de John Snyder, "Inovação, tradição, sinceridade, sacrifício, boas intenções — nenhuma delas, nem mesmo todas, pode substituir a obediência a Deus em relação a como ele deseja ser adorado".[3] Vendo de fora, os erros de Saul não parecem tão graves. Mas subjacente a eles há um problema muito grave em seu coração: Saul não trata as palavras de Deus com a reverência e respeito adequados. Devido a isso, considera apropriado *acrescentar* às instruções de Deus algumas de sua própria lavra. A lição dessa história é que, independentemente de quão boas ou lógicas pareçam, *nunca* é apropriado modificar as ordens de Deus à luz do raciocínio humano. Na raiz desse tipo de comportamento está o orgulho; pensar que, de algum modo, em nossa sabedoria nós consideramos algo que Deus deixou de notar. Deus trata essa presunção como idolatria.

Esse espírito orgulhoso, idólatra, corre à solta na igreja hoje, disfarçado, como o de Saul, com boas intenções e pragmatismo. Deus deixou claro que lutarmos juntos em unidade funcionaria, mas resolvemos elaborar novos métodos.

Não vou dizer que entendo exatamente por que a unidade faria com que os não crentes de repente cressem no juízo vindouro e em nossa salvação. Mas minha responsabilidade não é entender por quê; minha responsabilidade é obedecer. Saul pode não ter entendido por que era importante que todo o rebanho dos amalequitas fosse destruído, mas deveria ter bastado para ele que Deus o havia ordenado. É isso o que significa aceitar Jesus como *Senhor* e *Rei*.

Aposta segura

Vivemos em uma época em que a inovação é praticamente objeto de adoração. Estamos sempre procurando formas de tornar as coisas mais eficientes, mais eficazes, mais atraentes. Vendo o sucesso que esse tipo de pensamento atingiu no mundo secular, as pessoas na igreja começaram — com boas intenções, creio — a aplicar a mesma tática ao ministério para ver se tal abordagem renderia um "sucesso" semelhante. Propomos centenas de ideias inovadoras para atrair público para as igrejas: concertos, peças teatrais, programas, esportes, cultos mais curtos, melhor assistência às crianças, o que for necessário.

Meu temor é que, talvez sem sequer perceber, tenhamos caído no hábito muito perigoso de desprezar as ordens de Deus em favor de nossa lógica. Por exemplo, se convido o artista cristão mais famoso para fazer um espetáculo em minha igreja, sem dúvida vou conseguir reunir uma multidão, talvez até alguns não crentes de espírito aberto. Posso fazer uma apresentação do evangelho no meio do espetáculo e uma chamada ao altar ao final, e por meio de duas horas de trabalho tenho a garantia de receber algum tipo de resposta positiva. Por outro lado, se me comprometo a formar uma família com alguns outros crentes, posso passar anos gastando tempo e energia para construir esse relacionamento, e não tenho a menor ideia de como isso afetará os não crentes. Eu teria de depositar toda a minha esperança em uma promessa.

Quando analiso essas duas opções, não há dúvida sobre qual faz mais sentido em termos carnais. Muitas pessoas param nesse ponto e tomam uma decisão. Mas eu pediria que você considerasse:

- Marchar ao redor de uma cidade sete vezes e tocar as trombetas parece o jeito mais eficaz de conquistar uma cidade?
- Um pequeno pastor com uma funda parece o melhor candidato a derrotar um gigante guerreiro?

Essa lista poderia ser bastante expandida, mas creio que você já entendeu aonde quero chegar. Deus muitas vezes pede às pessoas que usem estratégias que não fazem muito sentido lógico. Se fizessem sentido para nós, não precisaríamos de fé. E sem fé é impossível agradar a Deus (Hb 11.6).

Os caminhos de Deus não são os nossos. Ele não nos pediu que elaborássemos estratégias; pediu que obedecêssemos. Parece simples, então por que não obedecemos? Não posso falar por você, mas sei o que geralmente me impede de permanecer comprometido com o plano de Deus: a descrença.

Inacreditável

Nesta curta passagem das Escrituras são expressas muitas verdades impossíveis de se acreditar a não ser por um milagre. Peço-lhe que a leia lentamente. Pergunte a si mesmo se de fato acredita que isso é possível.

> Não te peço apenas por estes discípulos, mas também por todos que crerão em mim por meio da mensagem deles. Minha oração é que todos eles sejam um, como nós somos um, como tu estás em mim, Pai, e eu estou em ti. Que eles estejam em nós, para que o mundo creia que tu me enviaste.
>
> Eu dei a eles a glória que tu me deste, para que sejam um, como nós somos um. Eu estou neles e tu estás em mim. Que eles experimentem unidade perfeita, para que todo o mundo saiba que tu me enviaste e que os amas tanto quanto me amas.
>
> João 17.20-23

Quero analisar várias frases nessa oração, mas primeiro gostaria de lembrá-lo da Pessoa que a está fazendo. Não se esqueça de que em Jesus habitava "toda a plenitude" de Deus (Cl 1.19). Seu clamor por unidade era o próprio clamor de Deus. Embora eu sempre tenha ficado fascinado com essa oração, nem sempre a tomei a sério e de modo literal.

"Que todos eles sejam um"

Jesus ora para que "todos" os crentes sejam "um". Seja sincero, você espera que isso aconteça durante seu tempo de vida? Às vezes considero a possibilidade de todos nós darmos primeiros passos nessa direção. Geralmente não tenho fé para acreditar que todos os crentes possam "pular a bordo". Conheço demasiadas pessoas que são extremamente críticas e desagregadoras, e têm sido assim há anos. Aí está meu problema: fico olhando para as pessoas. Não se trata de convencer as pessoas a se unirem. Trata-se de orar como Jesus orou. Minha descrença veio de passar tempo demais pensando em como convencer as pessoas e de não passar tempo suficiente orando em fé. Estamos dizendo que há algo difícil demais para Deus fazer? Vamos orar em fé como Jesus orou, para "que todos eles sejam um". Vamos acreditar que nossas orações podem mudar a todos nós.

"Como tu estás em mim, Pai, e eu estou em ti"

Como tu estás em mim? Anteriormente, vimos o mistério sagrado do Deus trino. Uma união perfeita desde toda a eternidade passada. Jesus não está apenas pedindo que convivamos bem. Não está apenas dizendo que precisamos sentir algum tipo de amor uns pelos outros. Ele está orando por uma união que se assemelha à que ele tem com o Pai. Quando foi a última vez que você viu isso como uma possibilidade em relação a alguém na igreja, quanto mais a todos?

"Que eles estejam em nós"

Se ler essa frase não o afeta, há algo errado com seu coração. Jesus está mostrando seu desejo de ser um conosco. Está pedindo que nós, como seus seguidores unidos, sejamos conectados à Trindade de alguma forma! Sinceramente, não consigo entender isso, mas quando Jesus ora para que sejamos unidos de modo que possamos "estar no" Pai e no Filho, como podemos minimizar a importância da unidade? Para aqueles de nós que enfrentam uma vida inteira de rejeições, requer uma fé tremenda acreditar que Cristo suplica por essa união. Existe algo muito mais poderoso disponível a nós do que qualquer coisa que já tenhamos experimentado, se perseverarmos em busca daquilo pelo qual Jesus está orando aqui.

"Eu dei a eles a glória que tu me deste"
Eis o que torna nossa unidade com ele e uns com os outros possível. Ele nos deu a glória. Venho de uma tradição que tende a se concentrar em nossa depravação. Isso não é ruim. Impede-nos de acreditar que há algo de bom em nós mesmos que garanta o favor de Deus. O problema é que nos concentramos tanto em nossa depravação que não o louvamos o bastante por nossa glória! Cristo nos fez belos. Por causa da cruz, somos os filhos santos e inculpáveis de Deus. O Cristo ressuscitado nos deu sua glória. Se concentrarmos nosso olhar apenas no nosso pecado e no pecado dos outros, ficaremos cegos para a glória que possuímos.

"Que eles experimentem unidade perfeita"
Perfeita? É nesse ponto que todos comentam que isso não pode acontecer antes de chegarmos ao céu. Se isso fosse verdade, no entanto, Jesus não completaria com a frase "para que todo o mundo saiba que tu me enviaste e que os amas tanto quanto me amas". Ele está falando do aqui e agora, para que todo o mundo possa ver! Nossa unidade perfeita é a prova de que

Jesus foi enviado pelo Pai e de que o Pai nos ama "tanto quanto" ama a Jesus.

Como podemos acreditar em tudo isso? Tudo soa inverossímil. Devemos acreditar que todos os crentes podem receber a glória de Deus para experimentar a unidade perfeita, assim como o Pai e o Filho. O mundo observará nossa perfeita união com Deus e uns com os outros e se convencerá de que Jesus é o Messias e de que somos imensamente amados pelo Pai! Tudo isso soa bom demais para ser verdade. A promessa parece gloriosa demais, e os obstáculos parecem gigantescos. Mas que escolha temos além de lutar por isso? Ficar perambulando no deserto por mais alguns anos?

Precisamos ver nisso a nossa terra prometida. Porque vivemos do outro lado da cruz, é muito mais fácil acreditar. Parece escandaloso que uma igreja tão dividida possa experimentar unidade perfeita, mas nada é mais escandaloso do que a cruz. Lembre-se, acreditamos em um Deus que enviou seu Filho para morrer em uma cruz a fim de que fôssemos atraídos para ele. Por que é tão difícil acreditar que ele poderia encontrar uma forma de nos unir a todos? Essa foi a oração dele. Não é uma daquelas coisas que *nós* desejamos, esperando que isso se afine com a vontade dele. Adoramos a um Deus que consegue o que *ele* quer. Ele nos queria, e deu um jeito de nos obter. Ele quer nossa unidade para causar impacto sobre o mundo, então creio que ele encontrará uma forma de nos unir.

> Precisamos fixar os olhos na missão e entender que necessitamos um do outro se queremos conseguir realizá-la.

O que está em jogo é de suma importância

Você entende a importância disso? Não é uma questão de se dar bem com um irmão que você não suporta só porque sua mãe mandou. É uma questão de *o mundo acreditar em Jesus!* O que está em jogo é muito importante mesmo! E esse é o plano de Jesus para mostrar ao mundo quem ele verdadeiramente é! Se eu lhe disser que encontre alguma forma superficial de unidade para que pareçamos menos ineptos como cristãos, você teria uma desculpa para se sentir pouco motivado. Mas agora que consegue ver claramente na oração de Jesus que essa profunda unidade entre seus seguidores é o plano de Jesus para fazer com que o mundo creia nele, espero que sua motivação se eleve como um foguete!

Talvez ajude se você parar de pensar em multidões vindo a Jesus. Coloque um rosto nisso. Talvez seu pai, irmã, primo, melhor amigo ou colega de trabalho não esteja interessado em seguir Jesus. Imagine-os encontrando uma igreja tão unida que eles percebam que Jesus é o que afirmou ser. Eles não se limitam a ouvir alguém pregando sobre a graça, misericórdia e sacrifício de Cristo, mas veem os crentes dando exemplo desse amor uns pelos outros. Isso lhes abre os olhos. Agora o sacrifício vale a pena?

Nada mais que poderíamos tentar como um meio de alcançar os perdidos vem com essa força prometida. Somos livres para escolher nossos métodos, mas, sinceramente, fico envergonhado por ter alguma vez pensado que minhas estratégias pudessem ser melhores do que as de Jesus.

Talvez seja esse sentido de propósito que esteja faltando em nossas tentativas fracassadas de unidade. Como escrevi no início deste capítulo, quando Lisa e eu estamos lutando lado a lado pela missão que Jesus nos deu, isso nos impede de lutar um *contra* o outro em nosso casamento. Uma missão comum traz unidade.

Com frequência demasiada, fazemos exatamente aquilo que Paulo nos alertou para não fazermos em 1Coríntios 12.14-26. Olhamos para outro membro do Corpo de Cristo e dizemos: "Não preciso de você". É a esse ponto que chega nossa desunião. Obviamente, nossas convicções doutrinárias importam. Não estou tentando convencer ninguém a abandonar suas firmes crenças em relação ao ensinamento das Escrituras. Mas a questão que Paulo levanta aqui se alinha muito bem com a oração de Jesus em João 17. Ele está dizendo que necessitamos de todo membro do Corpo, se queremos funcionar como Deus nos projetou para funcionar. A desunião não é apenas feia; ela nos torna disfuncionais. Não podemos ser a presença e a força no mundo que Deus nos projetou para ser se ficamos descartando partes essenciais de nosso Corpo.

Ao contrário: precisamos fixar os olhos na missão e entender que necessitamos um do outro se queremos realizá-la. Acima de tudo, precisamos do poder concedido pelo Espírito de Deus, mas é exatamente isso o que Paulo quer dizer em 1Coríntios 12: o Espírito nos deu poder *espalhando seus dons entre toda a família da igreja!* Assim, quando abrimos mão da unidade, estamos nos desligando do poder do Espírito e, portanto, solapando nossa missão.

Não há plano B

Escolher o método de Deus não lhe garantirá muitos seguidores — na prática, provavelmente, fará com que as pessoas abandonem o barco. Mas não quero cometer o erro que Saul cometeu e, sob a pressão dos demais, entrar em pânico e mudar para outro método. Se Saul tivesse esperado mais algumas horas, poderia ter perdido alguns seguidores, mas teria mantido o favor do Senhor.

Jesus disse que, quando experimentarmos a unidade perfeita, o mundo acreditará que Jesus foi enviado por Deus e que Deus ama o mundo *tanto quanto* ama seu Filho. E assim, por mais difícil, ilógico ou perturbador que seja, não posso deixar de prosseguir nesse caminho. Não estou dizendo necessariamente que não devemos tentar outras formas de abordagem, mas estas precisam ser acompanhadas por um esforço igual, se não maior, de encorajar a igreja a buscar essa unidade que as Escrituras prometem que alcançará os perdidos. A mensagem do evangelho é incompleta sem o quadro da igreja unificada. Não há plano B.

4
Começa com o arrependimento

Será que você é o problema?

Preciso admitir que, quando comecei a escrever este livro, minha esperança era questionar as pessoas que estavam causando divisões na igreja. Não levou muito tempo para Deus me mostrar de quantas formas eu havia contribuído para o problema. Inicialmente, pensei que fosse apenas algo que eu havia enfrentado no passado. Entretanto, quanto mais estudava as Escrituras, mais via que ainda tinha muito trabalho a fazer. O que estou querendo dizer é: não suponha que as discórdias são causadas pelos outros. Reavivamentos começam com arrependimento, e todos podemos nos beneficiar se pedirmos a Deus para revelar nossa miopia.

> Examina-me, ó Deus, e conhece meu coração;
> prova-me e vê meus pensamentos.
> Mostra-me se há em mim algo que te ofende e
> conduze-me pelo caminho eterno.
>
> Salmos 139.23-24

Você não é tão burro quanto pensei que fosse

Apaixonei-me por Jesus pela primeira vez em uma igreja batista. O pastor da juventude foi claro ao enunciar a obra da cruz, e algumas das pessoas se mostraram ansiosas para me amar como membro da família. Um casal chegou a me levar para casa quando eu não tinha onde morar. Aqueles foram dias maravilhosos e que mudaram minha vida. Agradeço a Deus por aquela igreja, e ainda estou em contato com alguns daqueles que começaram a me amar quarenta anos atrás. (Um alô rápido para Stan, Ken, Mike, Vicky, Debbie, Cindy, Todd e Dawn!)

Uma vez que encontrei tanta vida por meio daquela igreja, aceitei toda a sua teologia. Não questionei nada. Por que questionaria? Foi lá que encontrei Jesus, a verdade, a vida e o amor. Questionar qualquer ponto de sua doutrina me pareceria um tanto desleal para com pessoas a quem eu devia tanto.

Frequentei depois uma faculdade e um seminário bíblicos para aprender como estudar e ensinar a Bíblia. Novamente, senti muita gratidão pela escola que me deu ferramentas para estudar as Escrituras. Dois professores em particular não só me ensinaram como pareciam realmente gostar de mim. Por lealdade, mais uma vez, aferrei-me a toda a doutrina que me ensinaram.

Anos após o seminário, comecei a conhecer cada vez mais cristãos que sustentavam doutrinas diferentes da que me haviam ensinado. Sendo um firme cessacionista, eu sentia literalmente meu estômago se revirar sempre que encontrava pessoas que alegavam ser cristãs mas falavam em línguas ou afirmavam ter o dom sobrenatural da profecia. Eu as encarava como ignorantes e perigosas.

Então conheci melhor algumas delas.

Uma das primeiras foi um pastor chamado Jack Hayford. Eu havia concordado em integrar o conselho de um ministério que cuidava dos pobres da região central. Jack também fazia parte desse conselho. Eu havia feito muitas suposições a respeito de Jack, porque seu nome era bastante comentado em minha escola. Também achava que aqueles que acreditavam nesses dons sobrenaturais o faziam porque eram preguiçosos demais para estudar as Escrituras, que confiavam em visões de Deus em vez de no estudo cuidadoso e na obediência aos mandamentos bíblicos. Quando conheci Jack melhor, vi um homem que amava a Jesus profundamente e era um fiel estudante da Bíblia. Quando fui assistir pela primeira vez a uma aula dele, supus que ele seria superficial — muito longe do meu nível de erudição como recém-formado no seminário. Fiquei perplexo quando ele explicou um texto do Antigo Testamento, dando contexto histórico e dissecando o hebraico de uma forma que eu não seria capaz. Ele destruiu meu paradigma.

Ao longo dos anos, pude observar o caráter de Jack e vi uma profusão de amor, alegria, paz, paciência, e outros frutos do Espírito. Desde então, tenho conhecido muitos carismáticos que não estudam a Palavra e são complacentes para com o pecado. Todavia, tenho também conhecido muitos que são o oposto. À medida que me explicavam pacientemente suas interpretações das Escrituras, vi que suas conclusões não eram tão ridículas quanto eu havia pensado. Antes disso, eu só havia aprendido sua teologia a partir das perspectivas tendenciosas daqueles que discordavam frontalmente deles. Nunca havia realmente conversado com eles ou lido seus livros. Depois de fazer isso, não apenas entendi melhor seu raciocínio como vim a concordar com eles em alguns de seus ensinamentos. Por exemplo, o apóstolo Paulo escreve, em 1Coríntios 14.39: "Portanto, meus irmãos, anseiem profetizar e não proíbam o falar em línguas". Agora entendo por que os carismáticos interpretam isso como querendo dizer que devemos querer profetizar e não devemos proibir o falar em línguas.

Especialmente durante as duas últimas décadas, tenho convivido com líderes de muitas denominações diferentes. Questionei alguns deles sobre sua teologia. Mesmo depois que me responderam, continuei discordando de algumas de suas conclusões, mas vi que eles haviam estudado as questões com empenho. Às vezes eu iniciava essas conversas me sentindo 99% seguro de que estava com a razão, e as encerrava me sentido 70% seguro disso. Outras vezes, concluía que estava errado (algo que sempre odeio!). Não costumo vacilar em minhas convicções, mas estou aprendendo que é possível e às vezes saudável reexaminar minha compreensão das Escrituras — mesmo quando isso significa aprender de alguém com quem não concordo em tudo.

Como um exemplo, estou atualmente 90% certo de que estava errado sobre minha crença de que Cristo não está presente na Eucaristia. Estou cerca de 70% certo de que as denominações que possuem a visão mais exata da Eucaristia são aquelas que ficam maravilhadas diante da presença real, mas misteriosa, de Cristo. Estou cerca de 65% certo de que a transubstanciação como a maior parte das pessoas entendem é incorreta. Estou cerca de 95% certo de que estava errado sobre minha visão cessacionista dos dons.

Quando faço afirmações desse tipo, percebo que alguns leitores querem discutir comigo. Compreendo. Já fui assim. Antigamente eu achava que todos os carismáticos eram heréticos superficiais e perigosos. Achava que todos os católicos estavam condenados e eram adoradores de ídolos mortos. Nunca sonhei que teria amigos católicos carismáticos e que os amaria como irmãos. Continuo tendo sérias discordâncias doutrinais com muitos carismáticos e todos os católicos, mas com aqueles que tive a oportunidade de formar amizade, compartilho um amor e uma unidade que vão mais fundo do que eu teria imaginado.

Quarenta anos depois, ainda defendo as verdades básicas que me ensinaram em meus primeiros anos. Ainda passo tempo sozinho diariamente lendo as Escrituras. Ainda acredito que a salvação é pela graça somente, mediante a fé em Cristo. Não me desviei muito de fato de minhas raízes batistas, mas vim a entender que existem questões que jamais pesquisei de verdade. Apenas aceitei o que me ensinaram sem dedicar algum tempo a aprender com aqueles do "outro lado".

Compartilho toda essa minha experiência para mostrar que tenho estado à procura de descobrir a verdade sobre todos os tipos de questões ao longo dos anos. Essa jornada continua. Alguns irão me criticar dizendo que não deveria pregar sobre algo a não ser que esteja certo disso. A questão é: que porcentagem de certeza devo ter? 100%? 90%? 51%? Quando eu era mais jovem, estava 100% convencido de certas doutrinas de que agora duvido bastante. Quanto mais envelheço, menos inclinado me sinto a ter 100% de certeza sobre qualquer coisa. Uma das poucas coisas sobre as quais tenho certeza é de que "tudo o que sei agora é parcial" (1Co 13.12), por isso tento me comportar com a humildade adequada.

Um chamado à humildade

Muitos líderes cristãos atuais se veem como defensores da verdade. São eles que resistem contra a maré de carismáticos heréticos, o arrogante campo reformado, ou seja qual for o campo que você vê como o "inimigo". Muitos de nós dedicam tanta lealdade a nossos círculos que nunca paramos para perguntar: será que ainda estamos realmente buscando a verdade ou estamos apenas defendendo aquilo em que já acreditamos? Quando ouvimos algum tipo de verdade divergente ou algo que não combina com nosso alicerce teológico, ao que recorremos em busca de explicação? Recorremos aos nossos, àqueles em quem confiamos, por razões naturais (foram eles que nos levaram ao Senhor, é neles que nossa família confia, seja qual for a razão). E isso faz sentido. *Mas* isso significa que, na verdade, só ouvimos um lado da questão.

Vale a pena perguntar: por que você está tão certo de que a teologia do seu campo é melhor que a do meu? Isso remonta à epistemologia: como a verdade é adquirida. Se você está lendo este livro, provavelmente concorda comigo que as Escrituras são a base da verdade. Se todos concordamos com isso, então por que temos tantas divergências teológicas? Porque há diferenças de interpretação. Como, então, determinar qual é a melhor interpretação das Escrituras? É a de quem é mais inteligente? A de quem raciocina melhor? A da pessoa mais humilde e amorosa? A que mais se afina com o Espírito Santo? Mais uma vez nos veremos em um impasse, porque, mesmo se soubéssemos quais desses critérios deveriam ser usados para determinar a quem aprovar, não há formas objetivas de avaliar essas qualidades.

Se acreditamos em 1Coríntios 2, parece improvável que pessoas arrogantes tenham uma compreensão mais sólida da verdade. Depois de atacar a discórdia e a arrogância no capítulo 1, Paulo explica, no capítulo 2, que as verdades espirituais só podem ser ensinadas pelo próprio Espírito Santo. Nessa passagem fascinante, ele explica que uma pessoa normal não consegue entender uma verdade espiritual, por mais inteligente que possa ser.

Observo isso não para desencorajar ninguém a estudar firme a fim de descobrir a verdade, mas para advertir contra a arrogância. Talvez você acredite consciente ou subconscientemente que entendeu tudo certo e que as crenças de outras pessoas ou denominações são completamente infundadas, a ponto de nem mesmo querer travar uma conversa aberta com alguém que tenha uma visão diferente. Esse tipo de orgulho só vai impedi-lo de ouvir o Espírito da verdade. Se Deus dá graça ao humilde, é difícil imaginar que aqueles que são mais arrogantes serão os mais fiéis.

Paulo fala sobre isso em 1Coríntios 13, um capítulo que muitos de nós conhece de cor, pelo menos em parte. Ao final da famosa descrição do amor, ele escreve, nos versículos 8-12:

> Um dia, profecia, línguas e conhecimento desaparecerão e cessarão, mas o amor durará para sempre. Agora nosso conhecimento é parcial e incompleto, e até mesmo o dom da profecia revela apenas uma parte do todo. Mas, quando vier o que é perfeito, essas coisas imperfeitas desaparecerão.
>
> Quando eu era criança, falava, pensava e raciocinava como criança. Mas, quando me tornei homem, deixei para trás as coisas de criança. Agora vemos de modo imperfeito, como um reflexo no espelho, mas então veremos tudo face a face. Tudo que sei agora é parcial e incompleto, mas conhecerei tudo plenamente, assim como Deus já me conhece plenamente.

Qualquer conhecimento de Deus que pensemos ter aqui neste mundo, tudo o que os intelectuais mais brilhantes já captaram sobre a verdade celestial, é como um pálido reflexo da verdade em um espelho. Não como os espelhos que temos hoje, mas como um pedaço de metal reluzente no qual mal conseguimos discernir nosso rosto. É infantil. É temporário. Se você tem dificuldade em aceitar isso ou está começando a se sentir atacado, pare imediatamente e consulte seu coração. Você acha realmente que entendeu tudo sobre Deus? Acha realmente que sua teologia está 100% correta? Se é assim, essa é uma forma assustadora de pensar.

Cerca de um ano atrás, eu estava conversando com um amigo que é professor de alunos com necessidades especiais.

Ele sabe como chegar aos alunos com o evangelho. Confidenciou-me que, durante algum tempo, sentiu-se perdido, perguntando-se como o evangelho poderia ser comunicado a crianças que não se expressavam verbalmente e ser aceito por elas. Mas então Deus lhe abriu os olhos para ver a tolice desse tipo de pensamento. Por acaso ele achava que Deus não precisava se "rebaixar" para se adaptar a seu próprio nível de inteligência? Como podemos pensar que Deus não possa se adaptar a pessoas sem algumas das capacidades que possuímos, como se, de alguma forma, estivéssemos em um "nível mais próximo" de Deus? Como se Deus pudesse descer ao meu nível de inteligência, mas os outros estariam longe demais de seu alcance? Quão repugnantemente arrogante é isso! Eu estava tão convencido dessa verdade! De algum modo, em minha imaginação, eu pensava em Deus se comunicando com os seres celestiais em inglês e no meu nível de compreensão. A verdade é que Deus provavelmente se comunica de um modo que nem consigo imaginar.

> *Todos* nós possuímos um conhecimento incompleto, falho de Deus. Sem humildade, jamais teremos unidade.

Declarei muitas vezes que, a meu ver, uma das passagens mais importantes para esta geração é Isaías 55.8-9, em que Deus diz:

"Meus pensamentos são muito diferentes dos seus", diz o
SENHOR,
"e meus caminhos vão muito além de seus caminhos.

> Pois, assim como os céus são mais altos que a terra,
> meus caminhos são mais altos que seus caminhos,
> e meus pensamentos, mais altos que seus pensamentos."

Em muitos aspectos, perdemos o sentido da verdadeira santidade de Deus, e isso fez com que o orgulho crescesse e infectasse a igreja. Todos parecem começar com a suposição de que sua opinião sobre Deus está correta, em vez de reconhecerem que *todos* nós possuímos um conhecimento incompleto, falho de Deus. Sem humildade, jamais teremos unidade. Ainda mais importante: sem humildade, não podemos estabelecer um relacionamento correto com Deus.

Defensores da unidade

Imagine como seria se, em vez de se verem como os defensores da verdade, os líderes cristãos vivessem como se fosse seu dever, ordenado por Deus, defender a unidade da igreja. Vejo esse espírito nos pais da igreja dos primeiros tempos, e há algo muito belo e atraente nisso. Quando surgiam discórdias e crenças heréticas começavam a ameaçar a igreja, eles convocavam concílios ecumênicos para reunir indivíduos de *ambos* os lados. Encontravam um ao outro cara a cara, com o objetivo de discernir a verdade, chegar a um consenso, promover a paz e proteger a igreja unificada. A partir desses concílios obtivemos declarações como o Credo Niceno, desenvolvido no Primeiro Concílio de Niceia. Eis o texto:

> Cremos em um só Deus, o Pai, o Todo-poderoso, criador do céu e da terra, de todas as coisas, visíveis e invisíveis.
> Cremos em um só Senhor, Jesus Cristo, o Filho unigênito de Deus, gerado eternamente do Pai, Deus de Deus, Luz da Luz,

Deus verdadeiro de Deus verdadeiro, gerado, não criado, consubstancial ao Pai. Por ele todas as coisas foram feitas.

Por nós e por nossa salvação ele desceu dos céus: pelo poder do Espírito Santo, encarnou-se no seio da Virgem Maria, e fez-se homem.

Por nossa causa foi crucificado sob Pôncio Pilatos; sofreu a morte e foi sepultado. Ressuscitou ao terceiro dia, conforme as Escrituras; subiu aos céus, e está sentado à direita do Pai. Virá novamente em glória para julgar os vivos e os mortos, e seu reino não terá fim.

Cremos no Espírito Santo, o Senhor, a fonte de vida, que procede do Pai e do Filho. Com o Pai e o Filho, é adorado e glorificado. Ele falou pelos Profetas. Cremos na Igreja una, santa, católica e apostólica. Confessamos um só batismo para remissão dos pecados. Esperamos a ressurreição dos mortos, e à vida do mundo vindouro. Amém.

Imagine os pais da igreja primitiva se reunindo, não ignorando nem ocultando suas diferenças, mas reconhecendo-as e procurando resolvê-las. Imagine aqueles primeiros líderes juntos congregando sua sabedoria e escrevendo um credo com a esperança sincera e uma oração para que servisse como âncora teológica e fundamento para uma igreja forte e unificada em seus dias e nos dias vindouros. Isso não soa infinitamente mais cativante do que o que vemos hoje — milhares de líderes disputando uns com os outros e tentando convencê-lo a se juntar ao seu grupo?

Em vez de lutar por seguidores ou glória individual, a igreja primitiva priorizava a glória de Deus e de sua Noiva unificada. Em vez de procurar razões para censurar as pessoas, buscavam terreno comum para reunir os cristãos. Precisamos começar a nos fazer perguntas difíceis e honestas. Será que conseguimos falar com igual segurança sobre a pureza de nossos motivos?

O zelo de Deus com seu templo

Nunca tive tanto medo de causar discórdia. Depois de analisar novamente 1Coríntios 3 no contexto dos três primeiros capítulos, Deus me mostrou que eu não estava levando suficientemente a sério meu próprio discurso e ações desagregadoras. Como resultado, recentemente tenho passado algum tempo confessando coisas que falei e fiz, consciente ou subconscientemente, que colaboraram com a fragmentação da igreja em vez de impedi-la.

Paulo não passa apenas o primeiro capítulo de 1Coríntios falando de orgulho e discórdia. Esse tema percorre toda a carta. No capítulo 6, ele trata do fato de que crentes estavam processando uns aos outros diante dos olhos do mundo, em vez de assumir uma postura semelhante à de Cristo, isto é, a de "aceitar a injustiça sofrida" (1Co 6.7). No capítulo 7, ele trata dos divórcios. No capítulo 8, repreende os coríntios pela arrogância que destrói seus irmãos. No capítulo 11, diz que sua celebração da Ceia do Senhor causa mais mal do que bem, por causa das discórdias. No capítulo 12, lembra-os de que eles são um só Corpo e, portanto, é ridículo que uma parte encare qualquer outra parte com uma atitude do tipo "não preciso de você". Os capítulos 13 e 14 explicam que é a falta de amor que faz com que até os dons espirituais sejam usados para vanglória e desagregação, em vez de promover ajuda mútua.

Do começo ao fim, a primeira carta de Paulo aos coríntios foi concebida para reuni-los no amor e levá-los a se arrepender de suas discórdias. Para mim, nada é tão aterrorizante quanto o aviso de Deus no capítulo 3.

Nos primeiros quatro versículos, Paulo afirma explicitamente que eles são criancinhas imaturas e que isso se revela em seus conflitos. O fato de que existam "brigas" e vanglória entre eles prova que não são espirituais. Nos versículos 5-9, lembra-os de que ele e Apolo não são nada, apenas servos cumprindo seu dever. O que ele quer dizer é que os crentes de Corinto precisam parar de falar sobre eles. Nos versículos 10-15, ele lhes diz que o Dia do Julgamento se aproxima e que só então eles conhecerão a verdade. É um encorajamento para que parem de julgar as obras dos outros e se preocupem consigo mesmos. Isso nos leva àquele que é, em minha opinião, o alerta mais aterrorizante:

> Vocês não entendem que são o templo de Deus e que o Espírito de Deus habita em vocês? Deus destruirá quem destruir seu templo. Pois o templo de Deus é santo, e vocês são esse templo.
>
> 1Coríntios 3.16-17

Se algum de vocês consegue ler uma frase como "Deus destruirá quem destruir seu templo" sem tremer nem um pouco, é assustador. Não deixe de perceber o peso de uma afirmação como essa. O zelo de Deus para com seu santo templo é feroz, e isso é bom. Todas as nossas palavras descuidadas que conduzem a prejuízos para irmãos e irmãs serão julgadas. Toda a nossa glorificação de qualquer líder além de Cristo incita essas discórdias que destroem o templo, "portanto, não se orgulhem de seguir líderes humanos" (1Co 3.21).

Deus tenha misericórdia de nós!

A essa altura, todos devemos ter um momento sagrado. Todas as opiniões daqueles dentro e fora de nossos grupos não devem significar nada à luz de nosso juízo iminente pelo Santo Deus. Essa é a postura de Paulo nos versículos seguintes:

Quanto a mim, pouco importa como sou avaliado por vocês ou por qualquer autoridade humana. Na verdade, nem minha própria avaliação é importante. Minha consciência está limpa, mas isso não prova que estou certo. O Senhor é quem me avaliará e decidirá. Portanto, não julguem ninguém antes do tempo, antes que o Senhor volte. Pois ele trará à luz nossos segredos mais obscuros e revelará nossas intenções mais íntimas. Então Deus dará a cada um a devida aprovação.

1Coríntios 4.3-5

> Com frequência demasiada nos fixamos em nossas discórdias, e sentimos como se não pudéssemos adorar com esses elefantes gigantescos na sala. Não vemos que Deus é infinitamente maior do que nossos elefantes.

Se esses versículos não o levam a examinar humildemente suas ações diante de nosso Criador e Juiz, você tem sérios problemas. Não podemos nos permitir ficar preocupados com o que as pessoas pensam. Eu entendo: efetuar mudanças que envolvam abraçar irmãos e irmãs de fora do seu círculo é algo que enfrentará oposição. Mas você vai permitir que isso suplante seu temor a Deus?

Acaso estou tentando conquistar a aprovação das pessoas? Ou será que procuro a aprovação de Deus? Se meu objetivo fosse agradar as pessoas, não seria servo de Cristo.

Gálatas 1.10

O orgulho bom

> Irmãos, suplico-lhes em nome de nosso Senhor Jesus Cristo que vivam em harmonia uns com os outros e ponham fim às divisões entre vocês. Antes, tenham o mesmo parecer, unidos em pensamento e propósito. Pois alguns membros da família de Cloe me informaram dos desentendimentos entre vocês, meus irmãos. Refiro-me ao fato de alguns dizerem: "Eu sigo Paulo", enquanto outros afirmam: "Eu sigo Apolo", ou "Eu sigo Pedro", ou ainda, "Eu sigo Cristo". Acaso Cristo foi dividido? Será que eu, Paulo, fui crucificado em favor de vocês? Alguém foi batizado em nome de Paulo?
>
> 1Coríntios 1.10-13

As dissidências foram semeadas na igreja de Corinto na medida em que as pessoas começaram a comparar os líderes e escolher qual deles seguir. Formaram-se grupos separados que brigavam uns com os outros sobre qual líder era o melhor. A vantagem que eles levavam sobre nós era que seus líderes não apreciavam aquele louvor. Em vez de incentivar os "fãs de Paulo", Paulo pede que eles parem. Diz a eles que somos todos tolos que acreditam em uma simples mensagem que deve ser pregada com simplicidade. Ele os lembra de onde vieram e que não têm nada de que se vangloriar. Na verdade, Deus escolheu tolos para que *"ninguém jamais se orgulhe na presença de Deus"* (1Co 1.29). Eles eram um bando de pecadores tolos salvos por Jesus, então orgulhar-se em Jesus é o único orgulho que faz sentido.

> Quem quiser orgulhar-se, orgulhe-se somente no Senhor.
>
> 1Coríntios 1.31

Quando os tementes a Deus se reúnem, orgulham-se em Jesus. Não conseguem deixar de contar histórias sobre suas experiências com ele e a alegria que nele encontram. Deus é honrado, e eles mesmos saem desses encontros ainda mais maravilhados com Cristo. Quando escutamos histórias de como Cristo opera nos outros, isso nos faz querer louvá-lo ainda mais. É um "efeito bola de neve" santificado. Nosso orgulho em Cristo não tem fim.

Quando os "cristãos" se reúnem hoje, orgulham-se de seu professor favorito e de quão bem ele explica a Palavra. Falam sobre igrejas, grupos de louvor, escolas, teólogos, livros, canções, denominações, ministérios, questões políticas, questões sociais, pastores, cantores e muito mais. É inevitável que surjam divergências sobre qual é o mais correto, consagrado, inteligente ou sábio. Uma vez que você escolha seu líder favorito, você segue para a ilha onde todos o veneram. De repente você sente a unidade outra vez, porque se cerca de pessoas que concordam com você em relação a seu líder ou teologia. Você concorda a respeito dos pontos fortes de seu líder, e concorda sobre as fraquezas dos outros grupos.

Enquanto permanecer nessa ilha, existe harmonia. Ao menos até que alguém na ilha surja com uma nova ideia e reúna sua turma para seguir para outra ilha.

Considere seriamente o que aconteceria se pudéssemos apertar um botão e reiniciar tudo. Dessa vez, todos nós que nos dizemos cristãos prometemos não nos orgulhar de ninguém exceto Jesus. Todas as vezes que nos reuníssemos passaríamos todo o tempo falando dele, compartilhando histórias de sua bondade para conosco. Isso não significa que divergências não surgiriam, mas não seriam o ponto central. Não ficaríamos nos vangloriando de nós mesmos, nossos bens, nosso conhecimento, nossas realizações — ou de qualquer outra pessoa. Passaríamos os dias nos orgulhando da infinita graça de Deus e escutando os outros fazerem o mesmo. Espero que isso soe como o paraíso para você. Agora imagine que seu grupo se fundiu a outro grupo que estava vivendo exatamente da mesma forma. Será que seria difícil conviver com outro grupo de pessoas desse tipo? Talvez a unidade seja realmente simples assim.

Com frequência demasiada nos fixamos em nossas discórdias, e sentimos como se não pudéssemos adorar com esses elefantes gigantescos na sala. Não vemos que Deus é infinitamente maior do que nossos elefantes, e que portanto ele é digno de nossa atenção e louvor mesmo se nos sentamos em meio a uma manada de elefantes.

Se essa nova ilha lhe parece o paraíso, é porque na verdade ela é. A unidade do céu se encontra nesse orgulho unificado: *"Seja feita a tua vontade, assim na terra como no céu"* (Mt 6.10).

5
Vem com a maturidade

Efésios 4 é claro: todos no ministério devem ter uma meta comum. Nossa tarefa é ajudar todos os membros do Corpo de Cristo a amadurecer.

> Ele designou alguns para apóstolos, outros para profetas, outros para evangelistas, outros para pastores e mestres. Eles são responsáveis por preparar o povo santo para realizar sua obra e edificar o corpo de Cristo, até que todos alcancemos a unidade que a fé e o conhecimento do Filho de Deus produzem e amadureçamos, chegando à completa medida da estatura de Cristo.
> Então não seremos mais imaturos como crianças, nem levados de um lado para outro, empurrados por qualquer vento de novos ensinamentos, e também não seremos influenciados quando nos tentarem enganar com mentiras astutas. Em vez disso, falaremos a verdade em amor, tornando-nos, em todos os aspectos, cada vez mais parecidos com Cristo, que é a cabeça. Ele faz que todo o corpo se encaixe perfeitamente. E cada parte, ao cumprir sua função específica, ajuda as demais a crescer, para que todo o corpo se desenvolva e seja saudável em amor.
>
> Efésios 4.11-16

Deus presenteou sua igreja com apóstolos, profetas, evangelistas, pastores e professores. Sua tarefa é "preparar o povo santo para realizar sua obra", e eles devem fazer isso "até que todos alcancemos a unidade" da fé. Se os líderes estão cumprindo a tarefa adequadamente, o resultado deve ser santos maduros que desempenham seu ministério enquanto se tornam mais unidos. A Bíblia descreve um tipo de treinamento que resulta em trabalhadores preparados e unidos.

O desvio fatal no caminho da maturidade

Como líderes cristãos, a maioria de nós sabe que nossa tarefa é conduzir as pessoas à maturidade:

> Portanto, proclamamos a Cristo, advertindo a todos e ensinando a cada um com toda a sabedoria, para apresentá-los maduros em Cristo. Por isso trabalho e luto com tanto esforço, na dependência de seu poder que atua em mim.
>
> Colossenses 1.28-29

O desejo de Deus é que seus filhos se tornem "maduros e completos, sem que nada lhes falte" (Tg 1.4). O Novo Testamento está repleto de passagens descrevendo como uma pessoa madura vive e age:

> Diante de tudo isso, esforcem-se ao máximo para corresponder a essas promessas. Acrescentem à fé a excelência moral; à excelência moral o conhecimento; ao conhecimento o domínio próprio; ao domínio próprio a perseverança; à perseverança a devoção a Deus; à devoção a Deus a fraternidade; e à fraternidade o amor.
>
> 2Pedro 1.5-7

> Mas o Espírito produz este fruto: amor, alegria, paz, paciência, amabilidade, bondade, fidelidade, mansidão e domínio próprio. Não há lei contra essas coisas!
>
> Gálatas 5.22-23

> Visto que Deus os escolheu para ser seu povo santo e amado, revistam-se de compaixão, bondade, humildade, mansidão e paciência. Sejam compreensivos uns com os outros e perdoem quem

os ofender. Lembrem-se de que o Senhor os perdoou, de modo que vocês também devem perdoar. Acima de tudo, revistam-se do amor que une todos nós em perfeita harmonia.

Colossenses 3.12-14

A maneira mais simples de entender como um crente maduro deve ser é estudar a vida de Cristo. Obviamente, não há melhor retrato de um cristão maduro do que Cristo. Nele vemos amor, misericórdia, compaixão, ousadia, santidade, clemência e sacrifício personificados. Ele foi a epítome de todo o fruto do Espírito. O modo como lidava com as Escrituras e com as pessoas é o modelo para qualquer um que se diga cristão.

Mas como se treina alguém para se tornar como Jesus? Será que amor, alegria e paz são temas que podemos ensinar em uma sala de aula? Jesus exemplificou essas características enquanto caminhava ao lado dos discípulos. Eles experimentaram dificuldades e sofrimentos juntos. Experimentaram o poder do Espírito juntos. Aprenderam sobre o amor vendo-o amar. O verdadeiro discipulado implica viver conjuntamente, cuidar conjuntamente dos perdidos e dos que sofrem e experimentar vitórias e decepções conjuntamente.

Nos Estados Unidos, quando queremos treinar líderes, nós os mandamos para cursos e escolas. Usando salas de aulas como o principal foro para o treinamento, acabamos focando a única coisa que podemos ensinar em uma sala de aula: informação.

Embora o conhecimento constitua grande parte do amadurecimento como crente, muitos o transformaram na única parte. Isso vem causando estragos na igreja e, na verdade, impede que o amadurecimento real aconteça. Veja o diagrama seguinte, que explicarei depois.

A vida de um cristão

Amor   *Humildade*   *Pureza*
Conhecimento   *Paz*   *Fé*

Conversão   Discipular outros

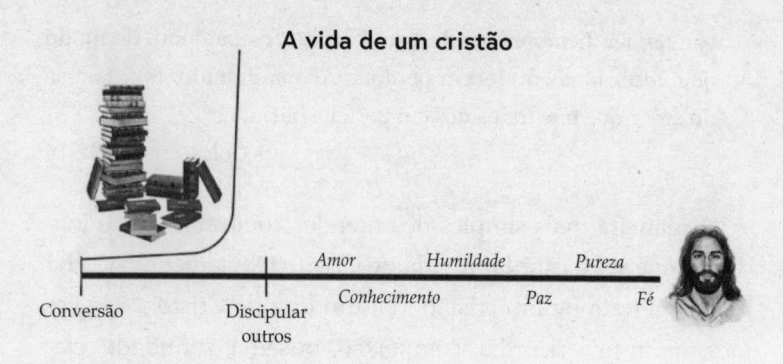

O caminho para a maturidade (crescer em semelhança a Cristo) envolve o crescimento contínuo em intimidade com Deus, humildade, santidade, fé, esperança, força, amor, alegria, paz e assim por diante. Ao longo do caminho rumo à maturidade, nós conduzimos outros, batizando-os e ensinando-os a obedecer a todos os mandamentos de Deus. No entanto, muitos nunca atingem a maturidade, porque jamais conduzem os outros. Em vez de se tornarem professores, permanecem em um estado constante de aprendizado (Hb 5.12). Alguns se recusam a liderar, enquanto outros passam a vida toda acreditando que não estão prontos. Para se preparar, começam a fazer cursos. Leem livros cristãos (como este!). Mergulham em um sermão após o outro, acreditando que é isso o que significa crescer em maturidade. Mas é aí que a grande decepção começa.

> Isso é o que Deus quer: grupos de crentes maduros que mostram ao mundo um amor sobrenatural uns pelos outros. O amor que compõe a igreja não é negociável.

Em vez de permanecer no caminho para a maturidade (que inclui ampliar o conhecimento), eles tomam um caminho diferente, focado principalmente em obter informação. Embora estejam aumentando o conhecimento, não estão crescendo em humildade. Embora estejam enchendo a cabeça com informação, não estão se despojando para os necessitados. Não estão liderando os outros vivendo ao lado deles e sendo exemplos do fruto do Espírito. Como resultado, temos pessoas que se veem como maduras, porque sabem muito sobre as Escrituras, mas sua vida não se parece em nada com a de Cristo. Não tomam iniciativas de fé, arriscando a vida e o sustento em nome do evangelho.

O diagrama acima mostra que, na verdade, podemos nos distanciar ainda mais da maturidade se continuarmos a seguir o caminho da informação sem crescer em amor. Paulo descreve isso quando diz que "o conhecimento traz orgulho, enquanto o amor fortalece" (1Co 8.1). Adquirir conhecimento sem usá-lo em amor pelos outros conduz a um orgulho que o afasta ainda mais de Cristo. Conduz a um bloqueio da graça de Deus e o acolhimento de sua oposição: "Deus se opõe aos orgulhosos, mas concede graça aos humildes" (Tg 4.6). Em nosso atual estilo de vida na igreja, não ousaríamos chamar de imaturo ninguém que seja dono de um elevado conhecimento bíblico. Entretanto, eu diria que há muitos intelectuais bebês por aí. Eles alcançaram altos patamares no diagrama, só que estão rumando na direção errada.

Sinais de alerta

Um dos sinais mais visíveis de que a pessoa está seguindo na direção errada é a ausência de graça.

Antes, cresçam na graça e no conhecimento de nosso Senhor e Salvador Jesus Cristo. A ele seja a glória, agora e para sempre! Amém.

2Pedro 3.18

Aqueles que crescem no verdadeiro conhecimento da graça de Deus crescerão em graça eles próprios. Novamente, uma distinção importante precisa ser feita: alguém pode conhecer muito *sobre* a graça e até ser capaz de pregar bons sermões sobre a graça, sem jamais havê-la experimentado de fato.

Imagine se eu estudasse uma sobremesa de um livro de receitas a ponto de conseguir nomear cada ingrediente usado e a ordem em que devem ser misturados. Eu poderia descrevê-la com grande precisão e provavelmente faria boas especulações sobre como seria saboreá-la. Agora imagine como seria diferente se eu lhe descrevesse uma sobremesa enquanto ela estivesse em minha boca. Eu conseguiria lhe contar mais do que meros fatos sobre ela; poderia lhe contar minha experiência por meio de todos os cinco sentidos. Em que recomendação você confiaria mais?

Da mesma forma, existe uma diferença visível entre uma pessoa que sabe muito sobre graça e uma pessoa que a provou, e isso se verá com mais clareza no modo como ela vive. As pessoas que realmente entendem o que significa ter o peso esmagador do pecado e da morte erguido de seus ombros, sem que houvessem feito nada para merecê-lo, alegram-se em compartilhar essa graça com os outros. Orgulho e hipocrisia fogem de um coração que medita constantemente na misericórdia do Pai.

Em contrapartida, as pessoas que conhecem a graça conceitualmente, mas não a sentiram aplicada a sua vida, não sentem dificuldade em pregar sobre a graça, ainda que não a demonstrem de modo nenhum àqueles que as cercam. Há uma lacuna entre o conhecimento e o trabalho externo. Esse tipo de conhecimento sem o acompanhamento de uma mudança pode parecer mais próximo da maturidade do que a ignorância absoluta, mas Jesus deixa claro em Mateus 23 sua visão sobre a hipocrisia religiosa. Sério: pare agora e leia esse capítulo das Escrituras, se tiver qualquer dúvida sobre a gravidade desse problema.

Apelo aos pastores e líderes que tenham isso em mente ao conduzir os demais. Ensinem do modo como Jesus ensinou, sendo o exemplo dos princípios que ensina e exigindo que os outros façam o mesmo. De maneira similar, para aqueles de vocês que estão em busca de mentoria ou querendo aprofundar o relacionamento com Deus, não procure as pessoas mais inteligentes nem corra direto para a sala de aula. Procure alguém cujo estilo de vida seja digno de imitação, e siga essa pessoa assim como ela segue a Cristo.

Outra barreira

Outro motivo pelo qual temos falhado em conduzir os cristãos à maturidade é nossa obsessão com números. Muitos se recusam a admiti-lo, mas tomamos diversas decisões com base no que atrairá uma multidão. Mais uma vez, esse não era o modelo de Cristo. Ele tomava decisões corretas com base nas prioridades certas, e isso resultava em menos seguidores. Como não seguimos o modelo dele, atraímos para nossos serviços pessoas que nunca teriam seguido Jesus. Se você é melhor em reunir multidões e obter louvor do que Jesus era, há algo errado.

Estamos dando às pessoas o que elas querem. É por isso que muitas igrejas interromperam as reuniões de oração. As pessoas não estavam interessadas em participar. É por isso que raramente se vê o verdadeiro discipulado vida a vida. As pessoas não querem se aproximar tanto ou investir tanto tempo. Gostamos de nosso espaço. Podemos fazer um estudo de curto prazo da Bíblia com um grupo, mas existir como família é pedir demais. Como líderes da igreja, achamos que precisamos trabalhar com o que temos. Não queremos perder ninguém, então precisamos encontrar o mínimo denominador comum. Se a maioria de nossa congregação nos dá apenas uma hora aos domingos e um estudo ou curso sobre a Bíblia de vez em quando, então precisamos conduzi-la à maturidade dentro desses parâmetros.

Quando plantei minha primeira igreja, queria criar um espaço onde as pessoas pudessem entrar e ter um grande encontro com Deus por meio da Palavra dele e ter liberdade para sair imediatamente após o culto se encerrar. Sinceramente, não tinha nenhum plano de fazer com que a congregação crescesse no amor uns pelos outros. Criei uma igreja que eu gostaria de frequentar. Imaginei que havia muitos cristãos ocupados e com amigos suficientes, e que iriam à igreja para se aproximar de Deus, não um do outro. Gostava de minha privacidade, então imaginei que outros gostassem também. Eu estava certo. As pessoas lotaram esses encontros, e eles eram estimulantes. Todavia, os outros líderes e eu nos convencemos do fato de que Cristo queria que nós ficássemos conhecidos por nosso amor uns pelos outros. Embora não faltasse afeição entre nós, sabíamos que não era nosso amor que estava atraindo visitantes.

> Com demasiada frequência, tratamos a comunidade e o discipulado como complementos opcionais que estão disponíveis para aqueles que se interessam por esse tipo de coisa.

Semana após semana, implorávamos à congregação que amassem uns aos outros profundamente, sobretudo aqueles que eram diferentes deles. Embora alguns tenham captado a mensagem, muitos não o faziam. Eu os havia acostumado a um tipo de reunião que permitia que nos mantivéssemos a distância uns dos outros, e a mudança não seria fácil. Quanto mais tentávamos forçar relacionamentos, mais todos se frustravam, e muitos foram para outras igrejas. Foi uma das piores épocas de minha vida. Durante quinze anos, eu havia obtido apenas crescimento numérico. Estava acostumado ao entusiasmo e ao público ampliado. Agora estava vendo amigos íntimos deixarem nossa igreja. Foi uma época difícil, e eu não estava certo a respeito do que Deus queria que eu fizesse. Devo dar às pessoas o tipo de igreja que desejam ou posso forçá-las a se tornar o tipo de igreja que eu via nas Escrituras? Devo continuar pressionando enquanto tantas pessoas vão embora ou há um ponto em que estou pecando por minha impaciência? Passagens como 2Timóteo 4.2 não me esclareciam, porque ainda não estava certo se "corrija, repreenda e encoraje" é o que devia fazer ou se só precisava de "paciência e bom ensino":

> Pregue a palavra. Esteja preparado, quer a ocasião seja favorável, quer não. Corrija, repreenda e encoraje com paciência e bom ensino.

Desde então, conversei com muitos pastores de megaigrejas que enfrentam o mesmo problema. Você sente um grande peso de responsabilidade por ter sido a pessoa a guiar a congregação por um caminho que agora acredita estar errado. Você criou sua própria oposição, e os outros logo o lembrarão disso. E, no entanto, você não pode, em boa consciência, continuar a conduzi-los de uma forma que está lhes tolhendo o crescimento.

> Por isso, agora eu lhes dou um novo mandamento: Amem uns aos outros. Assim como eu os amei, vocês devem amar uns aos outros. Seu amor uns pelos outros provará ao mundo que são meus discípulos.
>
> João 13.34-35

Isso é o que Deus quer: grupos de crentes maduros que mostrem ao mundo o amor sobrenatural de uns pelos outros. O amor como componente da igreja não é negociável. Com demasiada frequência, tratamos a comunidade e o discipulado como complementos opcionais que estão disponíveis para aqueles que se interessam por esse tipo de atividade. É como acrescentar *guacamole* a um *burrito* — vai melhorar o sabor, mas, se você achar que não vale a pena, não precisa gastar mais só por esse motivo.

Isso é loucura! O amor deve ser o objetivo da igreja! Ingressar em uma igreja deve ser como ingressar nessa incrível unidade com Deus *e* com os demais. Quando fundei a Igreja Cornerstone, minha meta não era esse profundo amor sobrenatural. Apenas supus que a maturidade aconteceria se as pessoas fossem lá todas as semanas e escutassem os melhores sermões que eu podia pregar. Agora entendo que a maturidade tem, pelo menos, tanto a ver com os relacionamentos quanto com o conhecimento. Mas nem todos estão interessados na perfeita unidade uns com os outros. Há aqueles que estão interessados em "ir à igreja" para um culto de uma hora, mas não têm nenhum desejo de entrar em relacionamentos profundos. Isso não faz sentido biblicamente! A igreja é um

Corpo unido. Quanto mais madura uma igreja se torna, mais profundo seu amor será. Nossa compreensão errada sobre a maturidade deixou a igreja imatura.

Amor é para bebês

Parece que, ao menos em alguns círculos, começamos a encarar como imaturos aqueles que enfatizam o amor. Como se pensássemos que os bebês cristãos precisam ser ensinados a respeito do amor, mas depois devem crescer e passar a assuntos mais maduros: escatologia, tempo da criação e outros detalhes esotéricos. Quem decidiu que enfatizar a doutrina era maduro e enfatizar o amor era imaturo? Em tudo o que leio no Novo Testamento, o amor não é algo que simplesmente se deixa para trás. Considere o modo como Paulo escreve à igreja tessalonicense:

> Que Deus, nosso Pai, e nosso Senhor Jesus nos encaminhem a vocês em breve. E que o Senhor faça crescer e transbordar o amor que vocês têm uns pelos outros e por todos, da mesma forma que nosso amor transborda por vocês. E, como resultado, que Deus, nosso Pai, torne seu coração forte, irrepreensível e santo diante dele para quando nosso Senhor Jesus voltar com todo o seu povo santo.
>
> 1Tessalonicenses 3.11-13

> Não precisamos lhes escrever sobre a importância do amor fraternal, pois o próprio Deus os ensinou a amarem uns aos outros. De fato, vocês já demonstram amor por todos os irmãos em toda a Macedônia. Ainda assim, irmãos, pedimos que os amem ainda mais.
>
> 1Tessalonicenses 4.9-10

> Irmãos, não podemos deixar de dar graças a Deus por vocês, pois sua fé tem se desenvolvido cada vez mais, e seu amor uns pelos outros tem crescido.
>
> 2Tessalonicenses 1.3

Com certeza parece — como se evidencia nessas passagens, entre muitas outras — que um dos principais indicadores de maturidade, segundo Paulo, era o amor. Na primeira passagem, Paulo ora para que Deus faça os crentes crescerem e transbordarem em amor, *de modo que* seu coração se torne forte, irrepreensível e santo. O amor aqui quase parece ser igualado à santificação! Lembre-se do diagrama acima. O ponto onde mais pessoas começam a se desviar do caminho rumo à maturidade é aquele onde elas deveriam começar a ensinar os outros e a andar em convívio profundo com outros crentes. A santificação *depende* do relacionamento. Depende do amor.

E isso faz muito sentido! Qualquer um que seja pai ou mesmo cônjuge entende que a família santifica como nada mais. Quando você se casa, de repente sua vida já não lhe pertence. Sua paciência, humildade, gentileza e autocontrole são testados mais intensamente do que nunca. Defeitos que são fáceis de mascarar à distância começam a mostrar suas verdadeiras cores rapidamente. Então, antes que perceba, você tem um filho, e a quantidade de paciência e gentileza de que necessita parece aumentar vertiginosamente outra vez.

Não fomos concebidos para cultivar essas virtudes em isolamento. Deus nos criou de tal forma que ansiamos por relacionamentos e família. Ele projetou a igreja para ser uma família que é *ainda mais* devotada uns aos outros do que as famílias biológicas (Lc 14.26; Mt 12.46-50).

"Um estilo de vida que supera os demais"

Nossa tarefa é fazer as pessoas adquirirem essa mentalidade. Nosso raciocínio é: "As pessoas não estão interessadas nisso". Provavelmente estamos com a razão. Mas se Jesus afirmou isso com tanta clareza — ele disse que é *desse modo* que o mundo reconhecerá seus seguidores —, não podemos nos conformar com o que as pessoas querem fazer naturalmente.

Os cristãos parecem querer continuar aprendendo durante toda a vida em um ambiente sem compromissos, onde não se espera que *ajam* realmente de acordo com o que aprenderam. Talvez seja assim. Mas isso não os pode impedir de buscar o que Jesus manda. Nossa meta mais elevada não pode ser manter as pessoas ao redor. Não podemos abdicar do discipulado.

Temos a tendência de nos esquecer de que Jesus disse literal e especificamente que os dois mandamentos mais importantes são (1) amar a Deus e (2) amar ao próximo (Mt 22.36-40). Uma parte fundamental do discipulado é ensinar isso às pessoas. O outro elemento crucial é ensinar às pessoas como viver de forma que esse ensinamento seja verdadeiro.

Quando igualamos maturidade a conhecimento, é fácil justificar passar a vida adquirindo conhecimento e encontrando defeitos nos outros. Existem, é claro, mandamentos bíblicos para evitar falsas doutrinas e instruções para corrigir aqueles que ensinam algo diferente da verdade de Deus. Essas passagens são numerosas, e precisamos levá-las a sério. Mas elas não podem ser tomadas isoladamente.

A Bíblia apresenta *mais* mandamentos para amar ao próximo, para nos unir aos demais, para evitar brigas e discórdias, e promover a paz. Eles precisam ser levados a sério. Literalmente, até. Entretanto, eles exigem algo de nós. Viver em amor é como se realiza a *verdadeira* maturidade. Porque o amor "se alegra [...] com a verdade" (1Co 13.6), o amor maduro deve incluir o zelo pela verdade doutrinal. Mas esse amor encontrará formas de não apenas falar sobre isso, mas de *ser* realmente gentil, paciente, não ter inveja, não ter orgulho, não ser arrogante, não ser rude e todas as outras características do amor.

Esse caminho para a maturidade requer muito maior profundidade de sacrifício, empenho e esforço. "A porta para a vida é estreita, e o caminho é difícil, e são poucos os que o encontram" (Mt 7.14). Contudo, assim como quando se tem uma família, as recompensas são inigualáveis.

6
Sobrevive com o amor

O amor é a resposta

É possível valorizar a teologia, odiar o pecado e lutar pela unidade? Se é, temos pouquíssimos exemplos disso. As pessoas que desejam a unidade muitas vezes apresentam uma atitude do tipo "será que a gente não pode se dar bem?" que minimiza a seriedade da boa teologia e o estilo de vida santificado. Considerando que Deus ordena todos os três, deve haver um modo de crescer em nossa teologia, santidade e unidade simultaneamente.

Pode soar simplificado demais e piegas, mas o amor é a resposta.

Nossas discórdias geralmente não são causadas por uma diferença na teologia, mas por uma falta de relacionamento. O problema não é nossa diferença de opinião ou interpretação; é a superficialidade de nosso "amor". Nosso amor, se é que o podemos chamar assim, não nasce da rica teologia que nos lembra da realidade espiritual de que somos um Corpo único. A maioria dos cristãos aceita essa verdade, mas nunca dedicamos tempo para meditar sobre ela e internalizá-la.

Quando se sente um amor profundo, a discórdia é inconcebível. Não consigo imaginar uma situação em que seria mais fácil para mim abandonar minha esposa do que me esforçar para resolver o problema. Amo-a demais. Afastar-me dela seria devastador.

Na igreja, discordamos facilmente porque amamos superficialmente.

Não quero entrar em muitos detalhes irrelevantes, mas não consigo imaginar dizer a Lisa um dia que seria mais fácil se eu simplesmente levasse comigo três de nossos filhos e começasse uma nova família. Em troca ela poderia ficar com a casa, os quatro outros filhos e ir em frente com sua parte da família. Sei que isso acontece o tempo todo quando o amor se enfraquece, e é disso que estou falando. Em nosso caso, depois de 27 anos de casamento, nosso amor só se aprofundou. A cada ano fica mais difícil para mim imaginar estar separado dela. A cada ano acredito que somos mais capazes de sobreviver juntos a conflitos ainda maiores. Nossas discussões se tornaram mais leves ao longo dos anos, porque ambos valorizamos estar juntos mais do que valorizamos estar com a razão.

A quem estamos enganando

É fácil localizar o amor verdadeiro. Às vezes está nas expressões ou na linguagem corporal da pessoa. Às vezes a obsessão se mostra pela constante afirmação ou sacrifício. É óbvio quando alguém ama profundamente a namorada, esposa ou filho. É também bastante evidente para aqueles ao redor quando esse amor não está lá e o relacionamento é meramente compulsório. O que desejo ressaltar é que não estamos enganando a ninguém com nosso momento de saudação forçada na igreja ou com nossos sermões e cânticos sobre o amor cristão. Quando falta amor, chega a ser pior se ficamos falando sobre ele, porque isso não deveria ser necessário. Duvido que Jesus ficasse dizendo a todos ao redor o quanto amava os discípulos. Todos sabiam. Era nítido. Em vez de aperfeiçoar nosso discurso e sutilezas, precisamos implorar por uma mudança de atitude.

Apesar de nossas palavras, nossa carência de amor verdadeiro é clara para o resto do mundo. Nosso orgulho teológico tem criado discórdias profundas. Os únicos que não conseguem ver são os que não querem ver. Nossa contrariedade com os pecados uns dos outros é igualmente óbvia. Podemos tentar disfarçá-la como dor e preocupação, mas o mundo percebe o que geralmente é: hipocrisia e ânsia em julgar. É muito difícil atualmente encontrar alguém fora da igreja que admire de verdade a igreja. O máximo que um não cristão nos concederá é: "Fico feliz que vocês tenham encontrado algo que funciona pra vocês". Estamos a anos-luz do amor que mostra ao mundo que fomos ensinados por Jesus.

O sonho

Imagine entrar em uma sala onde não houvesse ninguém pensando em si mesmo, inclusive você. Em humildade, todos consideram os outros mais importantes do que eles próprios. Não é um altruísmo superficial, forçado. É assim mesmo que eles são. Estão todos tão preenchidos pelo amor de Deus que não têm desejos. Não ficam apenas lhe dizendo frases motivadoras; você percebe que, no fundo, eles se sentem realmente assim. Amam você genuinamente e oram por você ao longo de toda a semana. Todos atravessam a sala abençoando a todos que veem. Deus deu a alguns deles palavras específicas de encorajamento ou exortação para dizerem a você. Outros estão lendo as Escrituras para você ou orando por você. Alguns talvez tragam presentes materiais que o Espírito Santo lhes recomendou que lhe dessem, pois oraram por você durante a semana.

É mais do que uma família. Todos tratam os outros como se fossem membros do mesmo corpo. Sofremos juntos, celebramos juntos. Não existe ninguém na sala que não daria a vida por você. Nenhuma família deixaria de lhe abrir as portas da casa se você estivesse em necessidade. Rico ou pobre, ninguém vê os bens de que dispõem como pertencendo a eles mesmos. Todos são generosos. Não há fofocas, julgamento impiedoso ou brigas. Vivem como se fossem um só corpo.

Deus está claramente em seu meio, e milagres começam a ocorrer. O profundo amor faz com que Deus libere poder dos céus. Seus amigos são curados de enfermidades e aflições. Os não crentes encontram a Cristo pela primeira vez. Palavras de sabedoria são ditas e profecias são feitas. O maior milagre é a alegria e paz que todos sentem na presença de Deus. Você se deleita com a alegria de saber que isso não é apenas uma reunião. Isto é a vida. Esta é sua tribo, família, igreja.

Imagine saber que existem grupos como esse em todo o mundo. Você tem irmãos e irmãs, membros do Corpo, em todos os países. Pode frequentar qualquer desses grupos e experimentar a mesma unidade e sacrifício mútuo. Você tem uma família que se espalha por todo o globo. As pessoas mais felizes do planeta, completamente seguras em sua unidade com Deus, que o amam assim como você as ama. Todos os seus temores se transformam em segurança completa. Você sempre soube que Deus prometeu cuidar de você, mas agora vê o Corpo de Deus lhe prometer o mesmo.

Eu costumava me perguntar se isso podia acontecer neste mundo, mas agora tenho notado vislumbres disso. Antes que você fique decepcionado pelo fato de sua igreja não viver dessa forma, pergunte-se se você vive.

O pesadelo

Dois anos atrás, falei em um evento. Vou poupá-lo de todos os detalhes, mas o tempo que passei com esse grupo foi sem igual. Meu tempo com o Senhor foi especial enquanto estava em companhia desse grupo. O líder deles era diferente de todos os outros que eu já conhecera. Sua humildade era diferente. Não era forçada. Ele não estava tentando parecer humilde; simplesmente era. Ele foi um exemplo para mim, e ainda é até hoje. Ele me fazia pensar na cena em João 1.47: "Jesus viu Natanael se aproximar e disse: 'Aí está um verdadeiro filho de Israel, um homem totalmente íntegro'". Não parecia ter nenhuma ambição egoísta enquanto conduzia grandes grupos ao verdadeiro discipulado. Seu conhecimento da Palavra era exemplar, e o amor pelas pessoas era evidente. Em suma, ele me lembrava muito Jesus. Começamos a servir juntos em diversos eventos, e Deus realizou coisas especiais por meio de nós todas as vezes em que estávamos juntos.

Então veio o conflito.

Um casal da minha equipe veio me procurar um dia e perguntou: "Você sabia que a organização dele é fortemente igualitarista? Eles chegaram a escrever um livro sobre isso". Começamos a questionar se nossa parceria poderia avançar. Se fôssemos treinar juntos líderes cristãos, como um de nós poderia ensinar que Deus quer que homens e mulheres sejam líderes na igreja enquanto o outro ensina que o papel de líder é reservado aos homens? Ambos parecíamos ter pesquisado extensamente as Escrituras, e nenhum de nós parecia ter propósitos egoístas, no entanto vínhamos de diferentes interpretações dos mesmos textos bíblicos. Minha resposta imediata foi fazer o que a maioria de nós costuma fazer nessas situações: praticar o distanciamento social. Admitir que ambos somos cristãos, separar-nos amigavelmente, reafirmar a amizade, mas manter distância a partir daquele momento.

Isso tende a ser o modo mais fácil de manter a unidade cristã e evitar que o conflito se agrave.

> Na igreja, discordamos facilmente porque amamos superficialmente.

Havia, contudo, algo errado biblicamente em adotar esse caminho, e não me senti em paz a respeito disso por duas razões. (1) Jesus me manda amar meu irmão assim como Cristo me ama. Jesus não me manteve a uma distância segura; em vez disso, continua buscando um amor mais profundo. (2) Não vejo essa discordância teológica como algo que justifique a separação.

Talvez houvesse um motivo mais profundo para meu desconforto com a ideia de me separar desse líder do que a falta de lógica bíblica para isso. Havia um amor verdadeiro entre nós, então não foi fácil esse rompimento. Víamos Deus realizar as coisas de um modo especial quando atuávamos juntos. Deus nos havia mostrado que éramos melhores quando servíamos juntos. Quanto mais conversávamos sobre os problemas, mais achávamos que mesmo aquela discordância poderia ser uma bênção do Reino. Se descobríssemos como buscar a unidade em vez de nos distanciarmos com nossa divergência, talvez Deus nos pudesse usar como exemplo.

Poucos meses depois, nos encontramos em Myanmar. Cada um de nós levara membros de ministérios para servir conjuntamente com o objetivo de alcançar pessoas que jamais haviam ouvido falar de Jesus. Empenhamo-nos em buscar a unidade e começamos a experimentar o efeito "bom e agradável" da unidade descrito no salmo 133. Um dos líderes deles indicou o versículo 3, que afirma: "Ali o Senhor pronuncia sua bênção e dá vida para sempre". Não apenas conheceremos a alegria da unidade, como Deus abençoará esse tipo de relacionamento. E foi exatamente isso o que experimentamos ao longo dos dias seguintes.

Eu acreditava que milagres de cura eram possíveis, e acreditara nos testemunhos de amigos que os haviam vivenciado. Apenas nunca os vira com meus próprios olhos até aquela viagem. Nunca vira Deus me usar como veículo para a cura. Eu estava presente quando crianças surdas ouviram pela primeira vez. Fui aquele que teve a honra de impor as mãos sobre as pessoas e ver a dor ir embora e o inchaço desaparecer. Ainda mais importante: vi pessoas que nunca haviam ouvido falar de Jesus começarem a aceitá-lo. Sem exagero, aqueles foram os melhores dias de minha vida. Acredito que havia algo na busca da unidade entre diferenças teológicas aliada à busca dos que nunca haviam sido alcançados pelo evangelho que resultou naquela bênção.

Quando a teologia deve nos dividir

Alguns de vocês que estão lendo isso agora podem estar pensando que isso soa bom em teoria, mas o que acontece quando a interpretação de alguém parece estar em completa contradição com as Escrituras? Será que devo buscar a unidade a todo custo? A resposta a essa pergunta é não. A exatidão doutrinal em questões essenciais é vital. Paulo diz que qualquer um que pregue um evangelho diferente deve ser amaldiçoado (Gl 1.8)! Ele explica o evangelho em 1Coríntios 15.1-8. Desviar-se desse conteúdo ou distorcê-lo não deve ser tolerado. Assim como há um momento em que o pecado deve dividir, há também um momento em que falsos mestres devem ser removidos da igreja.

> Digo isso porque muitos enganadores têm ido pelo mundo afora, negando que Jesus Cristo veio em corpo humano. Quem age assim é o enganador e o anticristo. Tenham cuidado para não perder aquilo que nos esforçamos tanto para conseguir. Sejam diligentes a fim de receber a recompensa completa. Quem se desvia deste ensino não tem ligação alguma com Deus, mas quem permanece no ensino de Cristo tem ligação com o Pai e também com o Filho.
> Se alguém for a suas reuniões e não ensinar a verdade de Cristo, não o convidem a entrar em sua casa, nem lhe deem nenhum tipo de apoio. Quem apoia esse tipo de pessoa torna-se cúmplice de suas obras malignas.
>
> 2João 1.7-11

João está avisando os crentes de que existem "enganadores" que espalharão seus falsos ensinamentos. Aqui ele cita a negação de "que Jesus Cristo veio em corpo humano". Em vez de ensinar o que Jesus ensinou enquanto estava no mundo, eles negam que ele alguma vez tenha estado em corpo humano. João é explícito ao dizer que precisamos nos afastar daqueles que não ensinam "a verdade de Cristo". Devemos procurar professores que já demonstraram, pelo ensino e estilo de vida, que habitam em Cristo, e recusar-nos a receber aqueles que não obedecem a seus ensinamentos.

Tenho visto essa passagem ser usada por caçadores modernos de heresias para incentivar a remoção de qualquer um que não concorde com qualquer posição teológica que eles sustentem. Só gostaria de alertá-los de que João está falando aqui do caso extremo e específico de pessoas que negaram que Cristo tenha vindo em corpo humano. Não se aplica a toda questão de teologia.

Lembre-se do que Paulo disse aos coríntios: "Pois decidi que, enquanto estivesse com vocês, me esqueceria de tudo exceto de Jesus Cristo, aquele que foi crucificado" (1Co 2.2). Será que isso significa que ele não se importava com nada mais nem ensinava sobre nenhuma outra coisa? Claro que não! Mas os escritores do Novo Testamento tinham uma clara preocupação com as crenças fundamentais referentes a Jesus.

Aqui estão alguns dos falsos ensinamentos sobre os quais o Novo Testamento alerta:

- Alegar "Eu sou o Cristo" (Mt 24.5).
- Amaldiçoar Jesus (1Co 12.3).
- Julgar as pessoas pelo que comem ou pelas cerimônias que celebram, exigir rigorosa disciplina física como um meio de atingir a retidão (Cl 2.16-23).
- Envolver-se em "discussões intermináveis sobre mitos e genealogias, que só levam a especulações sem sentido" (1Tm 1.4).
- Proibir o casamento e o consumo de certos alimentos (1Tm 4.3).
- Correr atrás de "mitos" (2Tm 4.4).
- Negar que Jesus veio em corpo humano (1Jo 4.1-3; 2Jo 1.7).
- Transformar a graça de Deus em imoralidade (Jd 1.4).

Estamos falando sobre verdades fundamentais do evangelho aqui, mais na linha da declaração de Paulo sobre esquecer-se "de tudo exceto de Jesus Cristo, aquele que foi crucificado", em vez de crenças sobre o final dos tempos, o uso correto dos dons espirituais, a reforma social, o modo correto de batizar ou a natureza precisa da Ceia do Senhor. Novamente, não estou dizendo que as crenças sobre todos esses pontos não sejam importantes. Mas estou sugerindo que tomamos a categoria bíblica de "falso mestre" e começamos a aplicá-la a qualquer um que discorde de nós sobre praticamente qualquer coisa. Isso é blasfêmia!

Não quer dizer que não devemos questionar as ações ou ensinamentos uns dos outros, mas que devemos fazê-lo com amor e humildade, buscando o arrependimento deles. Paulo criticou Pedro diretamente quando observou que Pedro e os outros "não estavam seguindo a verdade das boas-novas" — o que é interessante, porque, com seu comportamento, Pedro estava estimulando a discórdia entre judeus e gentios no Corpo (Gl 2.11-14). Esse questionamento amoroso é vital! Não podemos ser brandos quando se trata da verdade. Mas precisamos buscar a verdade da mesma forma que Jesus e os apóstolos buscaram.

Parceria sem compromisso

A unidade não requer que abandonemos nossas convicções. Paulo diz aos romanos que "cada um deve estar plenamente convicto do que faz" (Rm 14.5). Ele prossegue, explicando que cada um será julgado por Deus, então cada um deve cuidar de obedecer às Escrituras de acordo com seu melhor entendimento delas. Nessa passagem, Paulo faz algumas afirmações que, à primeira vista, soam relativistas. Desafio-o a orar com plena fé de que o Espírito Santo está com você, meditar nesses versículos e ver o que Deus lhe revela.

> Portanto, deixemos de julgar uns aos outros. Em vez disso, resolvam viver de modo a nunca fazer um irmão tropeçar e cair. Eu sei,

> e estou convencido com base na autoridade do Senhor Jesus, que nenhum alimento é por si mesmo impuro. Mas, se alguém considera errado ingerir determinado alimento, para essa pessoa ele é impuro. E, se outro irmão se aflige em razão do que você come, ao ingerir esse alimento você não age com amor. Não deixe que sua comida seja a causa da perdição de alguém por quem Cristo morreu. Desse modo, você não será criticado por fazer algo que, a seu ver, é bom. Pois o reino de Deus não diz respeito ao que comemos ou bebemos, mas a uma vida de justiça, paz e alegria no Espírito Santo. Se servirem a Cristo com essa atitude, agradarão a Deus e também receberão a aprovação das pessoas. Portanto, tenhamos como alvo a harmonia e procuremos edificar uns aos outros.
>
> Romanos 14.13-19

À primeira vista, Paulo soa bastante como as pessoas em nossa cultura que costumam dizer: "Fico feliz que isso funcione para você, mas tenho minha própria verdade". Afinal, Paulo está dizendo que duas pessoas podem comer o mesmo alimento e, ainda assim, esse alimento pode ser correto para uma e errado para a outra. No entanto, Paulo não está ensinando relativismo. Está explicando que há uma verdade absoluta: "nenhum alimento é por si mesmo impuro". Ele mostra então que, para estar correto aos olhos de Deus, não basta saber a resposta correta. É possível estarmos tecnicamente corretos e, ainda assim, cometermos um pecado terrível.

Deus não está apenas buscando a resposta certa, mas o amor e as prioridades certas.

Vamos abordar essa passagem com reverência. Não podemos subestimá-la ou reagir de modo exagerado a ela. O temor de Deus subjacente em Paulo está entremeado a toda essa passagem. Ele acabara de lembrar àqueles cristãos que todos eles prestariam contas diante de Deus. Cada frase vem do Senhor, então vamos tratá-la como tal. Dedique algum tempo a analisar cada frase dessa passagem. Por ora, quero apenas indicar algumas frases que talvez você tenha lido "por cima", mas nunca refletido a fundo sobre elas.

*"Se alguém considera errado ingerir determinado alimento,
para essa pessoa ele é impuro."*
Paulo está dizendo que, se alguém não tem certeza sobre um princípio bíblico, podemos induzir essa pessoa ao pecado pressionando-a a fazer algo a respeito de que ela ainda não tem uma clara consciência diante de Deus.

*"Se outro irmão se aflige em razão do que você come,
ao ingerir esse alimento você não age com amor."*
Não passe adiante rápido demais. Há uma prioridade dada ao agir com amor que precisamos internalizar. Paulo está alertando de um perigo que pode se infiltrar rapidamente em nossa vida. Podemos ficar tão focados em nossos debates que perdemos de vista o amor.

*"Não deixe que sua comida seja a causa da perdição
de alguém por quem Cristo morreu."*
Medite a respeito da frase "alguém por quem Cristo morreu". É muito saudável meditar sobre o amor de Cristo para com indivíduos específicos. Isso nos lembra dos sentimentos dele em relação a essas pessoas. Ele as amou o bastante para morrer por elas. Internalizar essa verdade pode fazer com que superemos a irritação e a indiferença.

"O reino de Deus não diz respeito ao que comemos ou bebemos, mas a uma vida de justiça, paz e alegria no Espírito Santo."

O reino de Deus se refere a "justiça, paz e alegria no Espírito Santo". O uso impróprio de nosso "conhecimento" pode, na verdade, afastar as pessoas de tudo isso e fazer com que elas se concentrem em questões de menor importância.

"Se servirem a Cristo com essa atitude, agradarão a Deus."

Não é uma questão de encontrar a resposta certa à pergunta sobre o que devemos comer. Se estamos servindo a Cristo em justiça, paz e alegria no Espírito Santo, então agradaremos a Deus. Que padrão de ortodoxia poderíamos acrescentar a isso que seria mais importante do que agradar a Deus?

"Tenhamos como alvo a harmonia e procuremos edificar uns aos outros."

A meta é a harmonia e a edificação. Parece que frequentemente deixamos nossa meta desviar-se para a correção e a exclusão.

Precisamos parar de supor que todos os que estão corretos diante de Deus parecerão, agirão e pensarão exatamente como nós. Deve haver liberdade entre pastores para vigiar seus rebanhos da maneira que consideram correta diante de Deus. Não estou dizendo que este será um caminho fácil, mas estou dizendo que ficaremos surpresos em como encontramos soluções quando o amor é o centro da conversa.

Um corpo, um espírito

Em Efésios 4, Paulo escreve: que todos devem viver *"de modo digno do chamado que receberam. Sejam sempre humildes e amáveis, tolerando pacientemente uns aos outros em amor. Façam todo o possível para se manterem unidos no Espírito, ligados pelo vínculo da paz"* (Ef 4.1-3). Note que ele não diz que precisamos criar ou cultivar a unidade no Espírito, mas mantê-la.

Ele prossegue escrevendo que "há *um* só corpo e *um* só Espírito".

No livro *A vida normal na igreja cristã*, Watchman Nee escreveu um capítulo sobre a base da união e da discórdia. Segundo ele, a base sobre a qual aceitamos ou rejeitamos alguém na família de Deus precisa ser se essa pessoa recebeu ou não o Espírito Santo. Nas palavras dele:

> Como determinaremos quem são nossos irmãos e nossos colegas membros da igreja de Deus? Não será perguntando se eles sustentam as mesmas visões doutrinais que nós, ou se tiveram as mesmas experiências espirituais; também não será vendo se seus costumes, estilo de vida, interesses e preferências estão de acordo com os nossos. Apenas indagamos: o Espírito de Deus habita neles ou não? Não podemos insistir na unidade de opiniões, na unidade de experiência ou em qualquer outra unidade entre crentes, exceto a unidade do Espírito. Essa unidade pode existir, e sempre deve existir, entre os filhos de Deus. Todos os que têm essa unidade estão na igreja.[4]

No fim das contas, não temos como determinar a quem chamar de filho de Deus — apenas Deus pode fazê-lo. E o sinal que ele dá para confirmar a salvação de alguém é que o Espírito Santo habita essa pessoa.

Vemos isso acontecer na igreja primitiva em Atos 10—11, quando Pedro tem uma visão de um lençol de animais "impuros" vindo dos céus. Logo em seguida, Pedro é instruído a ir à casa de um crente gentio. Prega para ele e seus familiares, e o Espírito Santo desce sobre eles. Quando Pedro retorna a Jerusalém, enfrenta oposição e críticas dos crentes judeus porque esteve com gentios incircuncisos. Em sua defesa, Pedro lhes conta que o Espírito Santo desceu sobre os gentios. Atos 11.18

relata: "Ao ouvirem isso, pararam de levantar objeções e começaram a louvar a Deus, dizendo: 'Vemos que Deus deu aos gentios o mesmo privilégio de se arrepender e receber a vida eterna!'". Havia tanta reverência pelo Espírito Santo naquela época que, mesmo aquilo indo contra todas as suas normas culturais e crenças profundamente arraigadas, eles *não podiam* chamar de impuro o que Deus considerara puro.

> Se você está disposto a deixar a presença do Espírito ter precedência, encontrará uma bela família de crentes muito mais diversa, porque é a família que Deus criou, não a que você escolheu.

Temos de ser extremamente cuidadosos para não tomar o lugar do Espírito Santo em nome do discernimento ou da sabedoria. Pode ter certeza de que Deus não deixará passar em branco a difamação feita a seus filhos. Tenho sete filhos agora. Consegue imaginar quão absurdo seria para mim se seis deles se unissem e decidissem excomungar da família um dos irmãos? Não importa quantas discussões ou discórdias existam entre meus filhos, eles sempre serão da família, porque possuem o mesmo DNA.

Com demasiada frequência, transformamos a doutrina no ponto crucial de nossas avaliações de outros crentes, acima da presença do Espírito Santo. Tenho consciência de que já fiz isso. Se você está disposto a deixar a presença do Espírito ter precedência sobre o alinhamento teológico exato em questões secundárias, creio que encontrará uma bela família de crentes muito mais diversa, porque é a família que Deus criou, não a que você escolheu.

O verdadeiro pródigo

Uma forma de considerar o conceito de unidade é imaginar que Deus está chamando todos nós a nos juntarmos a ele à mesa para a refeição. Depois de toda mágoa, rebeldia, dúvidas e lutas, a Bíblia termina com um retrato do povo de Deus se reunindo a ele para um banquete de casamento. Mesmo agora, a mesa está aberta, e a obra de Deus neste mundo consiste em nos levar a sentar e comer.

Na parábola de Jesus sobre o filho pródigo (Lc 15.11-32), um dos filhos foge para gastar sua parte da herança enquanto o outro filho permanece em casa com o pai. Quando o jovem pródigo volta para casa envergonhado, o pai corre para abraçá-lo e acolhê-lo novamente na família, enquanto o irmão mais velho fica descontente e se recusa a juntar-se à festa que o pai organiza para celebrar a volta do filho.

Tendemos a nos concentrar nos filhos nessa história, mas deveríamos perguntar: qual é a meta do pai para cada um dos filhos? Fazer com que se sentem com ele à mesa! A que cada um dos filhos resiste, de seu próprio jeito? A sentar-se para a refeição familiar.

Por que a mesa?

É um local de celebração. Um local de relacionamento. Um local de cura. De reciprocidade. De igualdade. Graça. Bênção.

Os dois filhos são convidados a se juntar ao pai à mesa. Não em uma sala de aula. Não em um templo. O que o pai buscava não era educação ou ritual. Ele estava atrás de relacionamento. Não se tratava do que eles poderiam oferecer. Tratava-se *deles*.

Uma versão de imaturidade e uma fonte de desunião é fugir do Pai para ir atrás das próprias paixões. Quando conseguimos superar a loucura que nos leva a um país distante em busca de prazer, relevância ou autonomia, podemos deixar de lado toda a vergonha e voltar ao Pai exatamente como somos. Podemos parar de tentar viver luxuosamente ou de ganhar fama. Podemos parar de fugir do relacionamento que, no fundo, sabemos ser o mais puro e mais significativo que jamais experimentaremos.

O Pai está chamando: "Venha para casa. Sente-se comigo à mesa. É tempo de celebrar".

Mas a outra versão de imaturidade e fonte de desunião é ficar como o irmão mais velho religioso, que se recusou a participar da festa porque o irmão mais novo havia pecado. Quando conseguimos liberar nossa indignação porque o pródigo retornou, e parar de exigir punição ou alguma contribuição positiva de nossos irmãos (ou irmãs) que erraram, podemos deixar de lado nossa hipocrisia e retornar ao Pai exatamente como somos. Nesses momentos, sabemos que nós e todos nossos irmãos temos lugar à mesa. Não há ninguém que desejemos ver excluído. Reconhecemos que a mesa foi feita para *isso*. Abandonamos o desejo de celebrar realizações e, em vez disso, ansiamos por celebrar *pessoas*. E nosso amor por elas nos leva primeiro a aceitar o convite do Pai para nos juntarmos à mesa, e depois a ficar ao lado dele quando convida o filho pródigo para o banquete.

O Pai está chamando: "Venha para casa. Sente-se comigo à mesa. É tempo de celebrar".

Independentemente de seus pecados passados ou atuais, você é convidado à mesa de Deus. Mas comer significa celebrar. E, na verdade, o banquete é uma celebração porque *todos* estão à mesa outra vez. Você não é convidado a celebrar apenas você mesmo ou apenas seus favoritos. O banquete decorre da alegria do Pai — você é convidado a compartilhar dessa alegria. E a alegria dele se deve à reunião de todos os filhos, inclusive aqueles que são impuros e aqueles que quase se recusaram a ir devido ao descontamento com a lista de convidados. Todos têm lugar à mesa. Celebrar significa comer e beber *juntos*. Como *iguais*. É mais do que um aperto de mão ou um contrato. É uma festa. A ideia é se divertirem juntos.

Lembre-se de 1João. Não é conservar a precisão doutrinal que nos torna verdadeiros filhos de Deus. É se recebemos ou não o amor de Deus, se cumprimos ou não seus mandamentos, e se o amor dele flui ou não de nós para os que nos cercam. Quão diferente pareceria a igreja hoje se, em vez de ficar sussurrando fofocas, nós nos sentássemos à mesa, olhássemos nos olhos uns dos outros e desfrutássemos de nosso relacionamento? Celebrando-o?

O banquete vai acontecer conosco ou sem nós. A questão é se nossa desaprovação da lista de convidados irá nos impedir de nos reunir a nossos irmãos e irmãs. E nosso Pai.

7
Requer luta

Felizes os que promovem a paz,
pois serão chamados filhos de Deus.

MATEUS 5.9

Os pacificadores, por natureza, amam a unidade e odeiam o conflito. O problema é que a unidade jamais acontece sem luta. Não podemos nos esquecer de que temos um Inimigo, e ele existe para enganar e criar discórdia. Satanás nos quer separados de Deus e uns dos outros. Ele não vai ficar sentado de braços cruzados assistindo a um movimento de unidade ocorrer na igreja. Se um dia isso vier a acontecer, vai requerer luta. E, em geral, luta não é algo natural para um pacificador.

Não se esqueça de que Jesus foi o maior dos pacificadores. Ele estabeleceu a paz entre Deus e nós. Apesar de ser conhecido por trazer a paz, Jesus desferiu algumas palavras ásperas aos líderes religiosos de seu tempo. Isso não é uma contradição. Satanás plantou líderes entre o povo de Deus para tirar o foco das ordens e prioridades de Deus.

> Que aflição os espera, mestres da lei e fariseus! Hipócritas! Têm o cuidado de dar o dízimo da hortelã, do endro e do cominho, mas negligenciam os aspectos mais importantes da lei: justiça, misericórdia e fé. Sim, vocês deviam fazer essas coisas, mas sem

descuidar das mais importantes. Guias cegos! Coam a água para não engolir um mosquito, mas engolem um camelo!

Mateus 23.23-24

Jesus é claro: nem todas as questões são iguais. Há questões com mais "peso". Depois de apontar o mandamento mais importante no final do capítulo anterior, ele agora enfatiza as prioridades: justiça, misericórdia e fé. Note que ele realça a questão sobre exibir misericórdia ao mesmo tempo que fala algumas palavras bastante contundentes contra os líderes religiosos. Na verdade, Jesus parece fazer uma observação sarcástica que deveria ter deixado aqueles líderes envergonhados. Ele os lembra de que há um momento adequado para virar as mesas e fazer declarações fortes contra aqueles que enfatizam o que é errado.

Precisamos questionar com cautela, porque não temos o mesmo discernimento que Jesus. Ao mesmo tempo, nossa meta na vida é viver como Jesus viveu. Isso significa que há um tempo para falar com ousadia. Quando o povo de Deus é maltratado ou a casa de Deus está sendo difamada, ficar em silêncio se torna pecaminoso.

Luta contra a divisão

Depois de quatro capítulos exigindo que os crentes encerrem suas discórdias, Paulo inicia o capítulo 5 de 1Coríntios exigindo que eles removam certas pessoas de suas reuniões. Nunca teremos a unidade que Deus deseja de sua Noiva se permitirmos que certas pessoas permaneçam em nosso círculo. Longe de ser um ato desprovido de amor, o amor da igreja depende da capacidade de desafiar a teologia errante, enfrentar o pecado impenitente e remover aqueles que causam discórdias desnecessárias.

Todos os dias, novos indivíduos iniciam ministérios, dividindo nocivamente o Corpo de Cristo. Podem ser corretos na abordagem teológica, mas isso não torna sua difamação aceitável.

Assim como precisamos ter extrema cautela para não prejudicar aqueles que fazem parte do Corpo, precisamos ser igualmente cautelosos em remover certos indivíduos da igreja, devido aos prejuízos que causarão se permanecerem.

> O que eu queria dizer era que vocês não devem se associar a alguém que afirma ser irmão mas vive em imoralidade sexual, ou é avarento, ou adora ídolos, ou insulta as pessoas, ou é bêbado ou explora os outros. Nem ao menos comam com gente assim. Não cabe a mim julgar os de fora, mas certamente cabe a vocês julgar os que estão dentro. Deus julgará os de fora. Portanto, eliminem o mal do meio de vocês.
>
> 1Coríntios 5.11-13

Passagens como 1Coríntios 5 são difíceis para muitos digerirem, porque vivemos em uma cultura que minimiza a seriedade do pecado e entende mal a graça. Muitos tomam a ordem de Cristo, "não julguem", e aplicam a todas as situações, ainda que Paulo nos ordene claramente que julguemos as pessoas que se dizem "irmãos". Paulo tinha acabado de dizer à igreja: "Portanto, não julguem ninguém antes do tempo, antes que o Senhor volte. Pois ele trará à luz nossos segredos mais obscuros e revelará nossas intenções mais íntimas. Então Deus dará a cada um a devida aprovação" (1Co 4.5). Agora ele nos manda julgar aqueles dentro da igreja. Pode soar contraditório, mas com certeza não é.

Jesus dirigiu-se àqueles que julgavam os outros e que se sentiam, com isso, como se eles próprios não estivessem sujeitos a julgamento.

> Não julguem para não serem julgados, pois vocês serão julgados pelo modo como julgam os outros. O padrão de medida que adotarem será usado para medi-los.
>
> Mateus 7.1-2

Ele está corrigindo a atitude daqueles que se encontram tão ocupados buscando as pequenas falhas dos outros que ficam cegos diante do ofuscante pecado em sua própria vida. É um grave alerta para aqueles que estão em posição de autoridade. Ao exercer nossa autoridade, não podemos nos esquecer de que ainda estamos sob uma autoridade muito maior. Em contexto, Jesus não está dizendo que, universalmente, jamais deveríamos julgar. Na verdade, Jesus também foi claro ao dizer que há um tempo para remover pessoas de nossa comunidade. Em Mateus 18.15-20, ele fala de uma pessoa impenitente que se reúne com os crentes. Recomenda um processo amoroso pelo qual a igreja deve buscar o arrependimento dessa pessoa. Todavia, se ela se recusar a escutar as palavras carinhosas do crente, de um grupo de crentes e mesmo de uma congregação inteira, essa pessoa não deve mais ser aceita como crente.

Muitos acham que remover alguém da igreja é um gesto não amoroso. Ao contrário: é não só para o benefício da igreja, mas do próprio indivíduo desobediente.

> Convoquem uma reunião. Estarei com vocês em meu espírito, e o poder de nosso Senhor Jesus também estará presente. Entreguem esse homem a Satanás, para que o corpo seja punido e o espírito seja salvo no dia do Senhor.
>
> 1Coríntios 5.4-5

Como "Entreguem esse homem a Satanás" pode ser um ato amoroso? Basta olhar para o objetivo: "para que o corpo seja punido e o espírito seja salvo no dia do Senhor". Paulo está atento ao Dia do Julgamento. Está preocupado com o destino eterno dessa pessoa. A esperança de remover aqueles que não se arrependem da comunidade e entregá-los a Satanás é para seu bem eterno. Ao removê-los da autoridade, irmandade e cuidado de uma congregação amorosa e entregá-los à autoridade de Satanás, esperamos que descubram o vazio e descontentamento de permanecerem no pecado. A esperança é que eles experimentem a ausência da irmandade da igreja e percebam que o pecado e Satanás não compensam.

Quando o corpo for destruído pelo pecado, o que se espera é que voltem correndo para a igreja.

Note que isso não se refere a uma pessoa que está lutando contra o pecado e frequentemente voltando-se a Deus em arrependimento. Refere-se a alguém que comete pecado e se recusa a reconhecer esse pecado a Deus e à comunidade cristã.

Acredito que 99% daqueles que vão à igreja em meu país nunca participariam do que entendem ser um ato de crueldade e acreditam que possuem um método melhor do que Jesus e Paulo. Há alguns que jamais se convencerão de que a remoção de alguém que alega ser cristão seja a coisa certa a fazer. Gostaria apenas de encorajar você a considerar a possibilidade de que, embora sua posição seja atualmente mais popular, talvez não seja a mais bíblica. Uma prática geral que adoto na vida é: sempre que minha metodologia difere daquela de Cristo, presumo que o método dele seja melhor.

Lute pelos outros

Algo que aprendemos quando jovens é que sempre é mais fácil ser crítico. São os garotos "descolados" que zombam dos outros para mostrar superioridade. Se você ousar defender alguém que está sendo intimidado, corre o risco de se transformar no próximo alvo. É sempre mais seguro estar do lado dos críticos: falar negativamente sobre professores, pais ou colegas. O mesmo é verdade na igreja atual. Tente defender um líder cristão que você acha que foi maltratado. Pior ainda: tente dar ânimo a alguém que falou algo errado ou caiu em pecado. A cultura de nossa igreja torna muito difícil fazer comentários positivos sobre qualquer líder cristão. Os comentários negativos atraem louvores mais ruidosos e críticas mais amenas. Cada vez menos gente ousa falar em favor dos irmãos e irmãs, enquanto as vozes que atacam crescem em número e volume.

Todo líder tem um grupo de críticos pronto a atacar aqueles que o apoiam. Recebi *e-mails* e telefonemas ameaçando que, se não retirasse declarações positivas que fiz sobre certas pessoas, eu me tornaria o próximo alvo. É como se tivesse voltado ao ensino fundamental. Devo me distanciar de certos irmãos e irmãs de modo a poder sentar à mesa com os garotos "descolados"? Ou devo me recusar a abandonar as pessoas uma vez que esteja certo de que vejo o Espírito nelas? Ou devo adotar a opção que muitos me sugeriram literalmente: andar com eles, mas não em público, e nunca apoiá-los publicamente de forma alguma. Com certeza alguns de vocês acham, a essa altura, que estou exagerando. Gostaria de estar.

É uma época difícil para ser um líder cristão. Nunca foi fácil, mas nunca foi tão difícil assim. Isso não é necessariamente ruim. Quando Paulo estava sofrendo ao compartilhar o evangelho, estava sofrendo também ataques de dentro da igreja. Ele escreveu 2Coríntios para encorajar a igreja a ficar do lado dele, em vez de contra ele, e faz uma declaração poderosa no primeiro capítulo:

De fato, esperávamos morrer. Mas, como resultado, deixamos de confiar em nós mesmos e aprendemos a confiar somente em Deus, que ressuscita os mortos.

2Coríntios 1.9

O O Senhor, em sua soberania, escolheu para nós que vivêssemos neste tempo, então devemos confiar que ele nos dará a graça para navegar por esse tempo com força e amor.

Os momentos mais dolorosos na vida nos forçam a confiar no Deus da ressurreição. Paulo viu que isso era bom, e nós também devemos ver. A partir disso, você poderia argumentar que os líderes cristãos precisam ser mais fortes. Não deveriam ficar desencorajados, deprimidos e suicidar-se com tanta facilidade. Talvez você esteja certo, mas será que Deus realmente quer que seja desse modo? Falo com muitos pastores que estão por um fio ou que já desistiram. Eles estão sendo golpeados à direita e à esquerda por pessoas abandonando a fé, o pecado aumentando em suas cidades, divórcios, depressão, vícios, suas próprias tentações e lutas familiares, dificuldades financeiras, comparações depreciativas com líderes e professores melhores, e assim por diante. Mas aí vem o soco que os nocauteia: as pessoas que deveriam estar do lado deles os golpeiam.

Não estou tentando fazer você sentir pena dos líderes cristãos. Sempre haverá aqueles que conseguem aguentar qualquer ofensa e ver nela algo de bom, uma oportunidade de confiar não em si mesmos, mas "somente em Deus, que ressuscita os mortos". O que estou tentando dizer é que não precisa ser assim, e que é para o seu bem e o bem do futuro da igreja se lutarmos pela unidade. E se os líderes encarassem a igreja como encaram a Deus: como o lugar onde sempre podem se refugiar?

As notícias vêm me afetando de modo diferente nos últimos tempos. Quando ouço falar de líderes cristãos cometendo suicídio, tendo casos extraconjugais ou abandonando a fé, pergunto-me o que estou fazendo (ou o que não estou fazendo) para piorar esse problema. Será que poderia ter feito algo que evitasse o ocorrido? Será que minha relutância em lutar pela unidade cristã resultou em cada vez mais gente supor que ela jamais acontecerá? Será que as coisas poderiam ter sido diferentes se a igreja realmente se tornasse um grupo que expressasse amor sobrenatural?

Dois anos atrás, escrevi um artigo para ajudar os líderes cristãos a responderem bem àqueles que os criticam, e gostaria de compartilhar alguns daqueles pensamentos aqui. Geralmente contra-atacamos com a atitude errada ou perdemos o ânimo e nunca chegamos a responder. A Bíblia nos ensina como responder de um jeito reverente, amoroso e firme, que pode conduzir a igreja para mais perto da unidade.

Respondendo a cristãos agressivos

Alguns de nós pastores se lembram de como era o ministério antes dos celulares e da internet. Se alguém quisesse questioná-lo, teria de encontrá-lo pessoalmente. E, se quisessem ganhar seguidores, teriam de conhecer as pessoas. Aqueles dias se foram. Agora vivemos em um tempo em que estranhos podem escrever qualquer coisa sobre você e reunir imediatamente uma audiência. Aliás, quanto mais extrema a acusação, mais atenção receberão. Não podemos nos permitir ficar zangados com isso. O Senhor, em sua soberania, escolheu para nós que vivêssemos neste tempo, então devemos confiar que ele nos dará a graça para navegar por esse tempo com força e amor. Aqui estão algumas lições que aprendi que talvez possam lhe ser úteis.

Primeiro, não reaja de modo exagerado.

Tenho visto alguns líderes se zangarem com aqueles que confrontam falsas doutrinas. Declarações como "Não suporto a arrogância daqueles reformados conservadores que acham que vieram ao mundo para julgar o resto de nós" não ajudam de fato a situação. Tendo vindo eu mesmo do mundo dos reformados conservadores, posso lhe assegurar que existem alguns que são humildes seguidores de Cristo e cheios de graça e força. Eles são muito necessários no Corpo de Cristo.

Pode ser frustrante ver a grande quantidade de caçadores de heresias, cada um acreditando genuinamente que sua interpretação das Escrituras é a mais exata. Entretanto, não se esqueça da instrução de Deus de que não devemos dizer a qualquer parte do Corpo "Não preciso de você". A correção bíblica é importante. Parte do papel de um líder é refutar falsas doutrinas. Não estou dizendo que qualquer um que crie um *blog* ou *podcast* alegando estar salvando o mundo dos falsos mestres seja uma bênção ou mesmo um crente. Só estou dizendo que precisamos de pessoas no Corpo com a coragem de lutar pela verdade, mesmo que todos cometamos erros ao fazê-lo. Graças a Deus que existem pessoas que ainda se importam com a verdade absoluta em uma época em que tudo é considerado válido.

Segundo, lembre-se de seus próprios erros.

Talvez isso seja o mais relevante para mim, já que passei anos acreditando que um teólogo carismático era uma contradição e que qualquer um que se dissesse católico ia para o inferno. O irônico é que me tornei amigo de algumas pessoas que se dizem "católicos carismáticos" e que confiam absolutamente no sangue derramado de Cristo para sua salvação e são ávidos estudantes da Palavra de Deus. Isso não significa que não existam muitos carismáticos que menosprezam as Escrituras em favor de suas próprias visões, e pessoas que se dizem católicas que subestimam a supremacia de Cristo. Só estou dizendo que costumava fazer declarações generalizantes e arrogantes sobre grupos inteiros de pessoas, e Deus continua a me corrigir.

Em meu orgulho, houve um tempo em que eu difamava sarcasticamente pessoas a quem agora pedi desculpas. Às vezes eu estava totalmente errado sobre elas. Outras vezes, estava correto (pelo menos é o que penso), mas não tinha amor por elas ao questionar sua teologia. Lembrar de meus próprios erros me ajuda a mostrar graça para com aqueles que considero estarem errados.

Terceiro, nunca deixe de amar.

Jesus nos manda: "Abençoem quem os amaldiçoa" (Lc 6.28). Ele nos diz que agimos como não crentes quando retribuímos o mal com o mal. Nunca temos o direito de deixar de amar, especialmente aqueles que se dizem cristãos. É por nossa resposta generosa a todos que as pessoas nos verão como filhos de Deus (Mt 5.44-47).

Sejam cuidadosos! É melhor não pronunciar aquele verso da Oração do Senhor, "perdoa nossas dívidas, ASSIM COMO perdoamos os nossos devedores", quando não há perdão em nós. A última coisa que desejamos é que Deus restrinja sua graça por causa de nossa falta de humildade e perdão.

Tenha em mente que as ordens de Cristo conduzem à vida. É sempre mais fácil permanecer zangado, mas a obediência leva a uma vida melhor. Lembro-me de um tempo em que passei um dia inteiro jejuando e orando por alguém que divulgou mentiras sobre mim na internet. Declarações como "Vá se f****, Francis Chan" são difíceis de ler quando vêm de pessoas a quem amamos. Para que você não pense bem demais de mim, esteja certo de que a ideia de vingança foi a primeira que me ocorreu. Raiva e mágoa foram os primeiros sentimentos que me assaltaram, e foi só pela graça de Deus que o Espírito Santo me chamou a orar, jejuar e amar. O resultado foi uma paz inconcebível, que muitas vezes falta em tempos de ataque. Deus nos manda orar, e às vezes parece que é mais para o nosso bem do que para o bem dos outros.

Quarto, não preste atenção demasiada ao que está errado.
Quando era criança, eu adorava assistir a um telejornal esportivo chamado *Futebol na Noite de Segunda*. Lembro-me de um jogo em que um sujeito entrou correndo no campo no meio da partida. Eu ri enquanto a polícia o perseguia. Ele estava rindo quando foi pego, porque não se importava. Fez aquilo para chamar atenção, e conseguiu um monte de atenção. Adivinhe o que aconteceu na semana seguinte? Outro sujeito percebeu que poderia obter a mesma atenção se fizesse a mesma coisa. Então, semana após semana, os trajes usados foram ficando cada vez mais extravagantes e as pessoas faziam coisas cada vez mais chocantes no campo. Depois de várias semanas, a emissora decidiu desligar as câmeras sempre que alguém

corria para dentro do campo. Adivinhe o que aconteceu? As pessoas pararam de invadir o campo.

Há algo a ser aprendido com essa emissora. As pessoas usarão quaisquer meios para obter atenção, e às vezes o mais saudável a fazer é ignorá-las. Quando reagimos, muitas vezes causamos mais danos. Para citar um filósofo contemporâneo:

> Ei, se eu atirar em você, será uma insanidade
> Mas se você atirar em mim, virará celebridade.[5]
>
> Jay-Z

Paulo diz basicamente a mesma coisa, só que sem a rima:

> Se alguém tem causado divisões entre vocês, advirta-o uma primeira e uma segunda vez. Depois disso, não se relacione mais com ele.
>
> Tito 3.10

Quinto, não desista.

Não pare de pregar e não se torne mais brando na pregação. A reação natural é recuar de medo. Às vezes nos sentimos oprimidos quando as mesmas pessoas que nos atacam são aquelas que deveriam nos apoiar. Pode resultar em uma atitude do tipo "danem-se vocês todos, eu desisto". Não faça isso. Seja firme. Tudo valerá a pena um dia.

Não amoleça. Alguns ficarão tão preocupados com as críticas que passarão a pregar apenas sobre assuntos "seguros". Certa vez ouvi um pregador fazer uma declaração de peso: "Alguns de vocês estão pregando para a ausência de críticas em vez de para a presença do Espírito Santo". Grande verdade! Não faça isso! A tarefa nunca foi fácil. Continue sendo conduzido pelo Espírito.

É verdade que Tiago nos ensina a sermos cuidadosos, porque os professores serão julgados mais rigorosamente. Lembre-se apenas de que ele disse também que "se pudéssemos controlar a língua, seríamos perfeitos" (Tg 3.2). Você vai cometer erros. Vai se enganar. Todos nós saímos de conversas desejando ter respondido de modo diferente. E, quando cometemos esse tipo de erro quando há uma câmera filmando, é ainda pior.

Sexto, volte os olhos para Jesus.

Às vezes passo tempo demais pensando em acusações, e isso ocupa o espaço mental que poderia ser usado meditando na glória de Deus (Sl 34.1; Fp 4.8). Essa é uma espiral descendente que Satanás ama. Não deixe que o Inimigo o engane. Você é capaz, agora mesmo, de afastar os olhos de qualquer problema e adorar Sua Majestade.

Leia a história do fariseu e do cobrador de impostos em Lucas 18.9-14. Era o fariseu que se julgava superior aos demais. Seu erro não era apenas olhar de cima para baixo o cobrador de impostos, mas o fato de que ele precisava afastar os olhos de Deus para fazer isso. Magoamos a nós mesmos e àqueles que estamos tentando influenciar quando afastamos os olhos de Deus por muito tempo. Por que você iria querer fazer isso, afinal de contas?

Sétimo, acredite que vai ficar mais fácil.

Lembro-me da primeira vez que aconteceu. Fiquei arrasado. Eu era o pastor da Igreja Cornerstone em Simi Valley. Essa foi a igreja que minha esposa e eu plantamos. Naquela época, fazia cerca de dez anos que eu liderava a congregação. Havíamos atingido milhares de membros e decidimos construir um prédio maior. Compramos o terreno, mas então mudei de ideia. Pensando em todas as pessoas famintas e sofredoras que conheci percorrendo o mundo, não conseguia me convencer a gastar milhões em um prédio. Ocorreu-me a ideia de que vivíamos no sul da Califórnia, então poderíamos dispensar o prédio e simplesmente nos encontrar sobre a grama. Assim poderíamos dar todo aquele dinheiro a pessoas em necessidade.

A congregação acabou apoiando a ideia, e um repórter do jornal local veio me entrevistar. Era uma época de entusiasmo. A igreja estava em expansão, e agora o mundo iria saber que os membros da igreja estavam dispostos a se sacrificar pelos pobres. Imagine a irritação que senti no dia seguinte quando li a manchete "Pastor local tenta burlar a lei". Eu havia sido ludibriado. O artigo inteiro girava em torno do terreno que havíamos comprado, e acusava-me de destruir o meio ambiente e levar multidões a uma área situada em uma zona onde assembleias não eram autorizadas. Era um apelo para que me impedissem de requisitar uma permissão de uso especial para aquela área, mas o repórter fez isso acusando-me de tentar transgredir a lei. Isso aconteceu em uma época em que os artigos começaram a ser postados na internet e os leitores podiam comentar. Fiquei cada vez mais desanimado e zangado ao ler os comentários. Quanto mais cruel o comentário, mais triste e aborrecido me sentia.

Um ataque injustificável pode magoar profundamente. Mas lhe digo que fica mais fácil se você responder com bondade. Acabei enviando ao repórter o vale-presente de um restaurante, pois Deus me ordenou a fazer o bem àqueles que me odeiam. Isso não eliminou toda a dor, mas a obediência é sempre o melhor caminho. A essa altura eu havia sido acusado de muitas coisas. Fui rotulado como "pregador do evangelho dos pobres", porque reduzi os gastos de minha igreja e doei dinheiro demais. Recentemente fui rotulado como "pregador do evangelho da prosperidade" porque preguei em um evento onde outra pessoa foi rotulada como pertencendo ao evangelho da prosperidade. De certa forma me orgulho de ser uma das poucas pessoas acusadas de pregar tanto a pobreza quanto a prosperidade. Tenho sido chamado de "ultrarreformado", "hipercarismático", "bibliomaníaco" e "crítico de plantão". Alguns dizem que faço parte da Nova Reforma Apostólica (seja lá o que isso for), outros dizem que sou católico. Alguns dizem que sou universalista, enquanto outros me acusam de pensar que sou o Messias. É uma época interessante, essa em que vivemos.

Durante um dos bombardeios mais recentes, eu estava contando à minha esposa que estava muito feliz porque aquilo não me afetava como antigamente. Estava feliz porque entendia que Deus havia usado tudo aquilo para me fortalecer. Embora a raiva e a vingança costumassem ser minha primeira reação, a paz e o amor haviam começado a vir muito mais naturalmente.

Luta por diversidade

Falamos bastante sobre os perigos de permitir que a teologia nos divida. Se você chega ao ponto de ser capaz de deixar de lado o alinhamento teológico exato em questões secundárias, descobrirá que há ainda muitos obstáculos à unidade. O Inimigo chega a usar coisas boas para aprofundar as discórdias. Ele adora manipular homens e mulheres tementes a Deus que são incitados a lutar contra diversos males no mundo. Satanás pode desviar a raiva deles para o mal e para companheiros crentes que não brigam pelas mesmas causas com a mesma paixão. Dentro da bela e diversa família de Deus, há pessoas filiadas a diferentes partidos políticos e que lutam por questões sociais diferentes daquelas pelas quais você luta. Quer seja o movimento Black Lives Matter, as mudanças climáticas, o distanciamento social ou qualquer nova questão que tenha emergido no momento em que você esteja lendo isso, novas razões para dividir surgem constantemente.

Por que eles não se importam como eu?

Com referência a tais movimentos, não quero reprimir o ímpeto de ninguém. Quando fazem isso comigo, fico aborrecido. Você dá um passo em frente na fé e acaba enfrentando cristãos que tentam refreá-lo em vez de ajudá-lo. Tudo o que estou lhe pedindo é que tenha alguns pontos em mente ao continuar lutando pelos ideais que Deus plantou em seu coração. Evite certos erros destrutivos que cometi em minha vida.

Passei muitos anos rotulado como extremista por causa da maneira pela qual lutava em defesa das necessidades dos outros. Embora acredite que a paixão em mim fosse boa, a falta de paciência e gentileza para com aqueles que estava tentando atrair era destrutiva. Perdi de vista o desejo de Deus pela unidade em sua Noiva, e esse não é um pecado menor. Precisamos descobrir como ampliar a ação social ao mesmo tempo que crescemos em unidade. Quando sacrificamos um pelo outro, perdemos nossa eficácia e o direito de sermos ouvidos.

A igreja às vezes se parece com uma sala de emergência. Toda pessoa que corre para um hospital quer ajuda imediata. O braço quebrado dói tanto que você mal repara na garota com a perna quebrada, no senhor idoso que acabou de ter um AVC ou na mulher em trabalho de parto. A paciência é rara em uma sala de emergência. Raiva, lágrimas e frustração, não. De vez em quando ocorrem até discussões entre pacientes e famílias sobre qual é o caso mais urgente. Não é culpa de ninguém. Vivemos em um mundo onde crises devastadoras nos cercam.

Uma das lições que aprendi ao lutar por justiça é que muita gente se encontra em necessidade. É possível que às vezes os cristãos não se juntem a mim rapidamente porque estão ocupados cuidando de outros assuntos igualmente importantes. Considere a seguinte lista. Detesto o rótulo "questões sociais", porque estamos falando sobre sofrimento real de pessoas reais, e não sobre "questões". Mesmo no instante em que escrevia isso, percebi que não estava dedicando muita reflexão a tais assuntos nos últimos tempos. Senti-me também grato a Deus porque alguns de vocês vêm lutando cotidianamente por essas pessoas.

Alguns lutam contra a escravidão/tráfico humano

- Cinco milhões de crianças vivem em escravidão atualmente. Muitas são forçadas a praticar atos sexuais repugnantes várias vezes ao dia.
- Existem aproximadamente quarenta milhões de escravos no mundo hoje.

Entendo por que alguns de vocês estão obcecados em libertar escravos. Afinal, faríamos qualquer coisa em nosso poder para resgatar nossos filhos se eles estivessem aprisionados nesse tipo de horror.

Alguns lutam pelos que sentem fome ou sede

- 815 milhões de pessoas na terra sentem fome todos os dias.

- Nove milhões de pessoas morrem todos os anos devido a fatores relacionados à fome.

Qualquer um que tenha jejuado sentiu o sofrimento de passar alguns dias sem alimento. Considerando que Jesus disse que desprezar os famintos era o mesmo que desprezar a ele, entendo por que você considera essa questão prioritária. Se visse Jesus passando fome, eu provavelmente largaria tudo para alimentá-lo.

Alguns lutam pelos direitos dos nascituros

- Três mil bebês em gestação serão mortos nos Estados Unidos hoje. Mais três mil amanhã...
- No mundo todo, cinquenta milhões de bebês criados à imagem de Deus morrerão devido a abortos este ano.

Existe algum pecado pior do que o assassinato? Entendo por que alguns de vocês devotam a vida a lutar pelos nascituros.

Alguns lutam pelas viúvas e órfãos

- Há 150 milhões de órfãos no mundo.
- Há quatrocentas mil crianças indesejadas no sistema de orfanato nos Estados Unidos.
- Só na Índia há quarenta milhões de viúvas, muitas sofrendo atrocidades indescritíveis.

As Escrituras declaram explicitamente que "a religião pura e verdadeira aos olhos de Deus, o Pai, é esta: cuidar dos órfãos e das viúvas em suas dificuldades" (Tg 1.27). Faz sentido que alguns de vocês considerem essa a maior prioridade. Estima-se que existam quatrocentas mil igrejas cristãs nos Estados Unidos. Isso significa que precisamos apenas que mais uma pessoa em cada congregação se importe!

Alguns lutam pelos que ainda não foram salvos

- 150 mil pessoas morrem por dia e se veem diante de um Deus santo que decide seu destino eterno.

Embora alguns tenham mudado de teologia e não sejam mais atormentados por esse pensamento, outros acreditam tanto no céu quanto no inferno. Em consequência disso, não conseguem imaginar que exista alguma causa mais importante do que a disseminação do evangelho, principalmente para aqueles que nunca ouviram falar de Jesus.

Só o começo

Estou muito longe de começar a chegar ao fim da lista: meio milhão de pessoas sem-teto nos Estados Unidos, famílias de mártires, crentes em países hostis sendo torturados enquanto você lê este livro porque se recusam a renegar a Cristo, pessoas com necessidades especiais, veteranos feridos, pessoas com deficiências em todo o mundo sendo tratadas como se fossem amaldiçoadas... e a lista continua. Na verdade, alguns que estão lendo isso agora estão se sentindo ofendidos porque deixei de incluir sua causa na lista. A propósito, não organizei a lista em nenhuma ordem em particular, então não fique ofendido por isso também. Cada um de nós organizaria esse tipo de lista com prioridades diferentes. É o que estou tentando dizer.

Há muitas tragédias no mundo neste momento. Elas precisam ser combatidas. Quando olhamos para a lista, não admira que a cada quarenta segundos alguém neste planeta se sinta tão sem esperança que cometa suicídio. Pense sobre isso durante os próximos quarenta segundos.

Não podemos nos permitir desencorajar a paixão de companheiros na fé. Fomos chamados a "motivar uns aos outros na prática do amor e das boas obras" (Hb 10.24). Então vamos continuar a desafiar amorosamente uns aos outros a maiores profundezas de empatia e sacrifício. Todavia, ao longo do caminho, tomemos cuidado para não nos zangar ou frustrar com irmãos e irmãs que não se importam tanto quanto nós com uma causa.

Vivemos em uma época em que há muito com que se preocupar. Deus concede dádivas diferentes a cada um, e estimulá-os de modo diferente em benefício das diversas causas que estão *todas* em seu coração. Talvez eu me preocupe com as crianças famintas mais do que você. Talvez você se preocupe com a reconciliação racial mais do que eu. Uma terceira pessoa talvez se preocupe mais do que nós com a tortura de cristãos em países em que são perseguidos. Isso não significa que não nos preocupamos. É só que nunca nos preocuparemos de modo igual. E, diferentemente de Deus, nossa capacidade de agir é limitada.

> A unidade exige luta. E vale a pena lutar por ela.

Sempre será mais fácil procurar pessoas cujos interesses e associações mais se parecem com as suas — pessoas cujas experiências de vida se harmonizam com as suas e moldam as escolhas e paixões de modo semelhante. Sempre será mais fácil descartar aqueles com quem sua personalidade ou opiniões conflitam.

Mas há algo muito belo e poderoso em um grupo de pessoas incrivelmente diversas se unindo sob uma bandeira comum. Isso mostra ao mundo que nossa obsessão comum com o valor de nosso Rei é mais poderosa do que qualquer divisão social, política, cultural ou econômica. Mostra-lhes um quadro do céu. Não deixe que seu orgulho fique no caminho desse quadro.

Lute em meio ao desânimo

Como cristãos, não assinamos um contrato para uma vida fácil. Quaisquer que sejam os ataques que soframos ao procurar ser fiéis a Jesus — e é sempre mais triste quando esses ataques vêm de dentro da igreja —, com certeza houve cristãos ao longo das eras que sofreram muito mais. Às vezes sinto que é mais fácil erguer as mãos em desespero, ignorar todos os agressores e deixar que os outros cristãos se defendam por si mesmos. Ou me dedicar apenas às pessoas que tornam minha vida mais fácil. Mas isso não é unidade. É impossível unificar-se sozinho. Ganho coragem sabendo que Jesus orou para que seus seguidores se unificassem e que nos deu o Espírito Santo para nos dar forças para isso. A unidade exige luta. E vale a pena lutar por ela. Independentemente da oposição que enfrentamos, não nos arrependeremos de obedecer à clara ordem de Jesus.

> O fim de todas as coisas está próximo. Portanto, sejam sensatos e disciplinados em suas orações. Acima de tudo, amem uns aos outros sinceramente, pois o amor cobre muitos pecados. Abram

sua casa de bom grado para os que necessitam de um lugar para se hospedar.

Deus concedeu um dom a cada um, e vocês devem usá-lo para servir uns aos outros, fazendo bom uso da múltipla e variada graça divina. Você tem o dom de falar? Então faça-o de acordo com as palavras de Deus. Tem o dom de ajudar? Faça-o com a força que Deus lhe dá. Assim, tudo que você realizar trará glória a Deus por meio de Jesus Cristo. A ele sejam a glória e o poder para todo o sempre! Amém.

Amados, não se surpreendam com as provações de fogo ardente pelas quais estão passando, como se algo estranho lhes estivesse acontecendo. Pelo contrário, alegrem-se muito, pois essas provações os tornam participantes dos sofrimentos de Cristo, a fim de que tenham a maravilhosa alegria de ver sua glória quando ela for revelada.

1Pedro 4.7-13

Tempo de ir em frente

Uma das coisas que meu antigo pastor da juventude dizia repetidas vezes era "mude-se com o pessoal da mudança". Em outras palavras, não se desespere tentando convencer todos a seguirem você. Sempre haverá aqueles que não estão interessados, e você precisa estar disposto a deixá-los para trás. Ele explicava que Jesus não tentou convencer a todos; em vez disso, encerrou muitas de suas mensagens com "Quem tem ouvidos para ouvir, ouça".

Agora entendo que foi exatamente isso que me desestimulou a me empenhar pela unidade. Minha meta era atingir 100% de participação. Nunca iria acontecer. Nem todos querem isso. Eu ficava tentando elaborar estratégias de como poderia fazer até o mais arrogante dos separatistas se juntar ao movimento pela unidade. Como eu costumava ser um daqueles que viam qualquer pitada de ecumenismo como herética, já conhecia as objeções que eles levantariam. Sabia o que iriam dizer em suas reuniões enquanto depreciavam os hereges que queriam a unidade. Eles eram os tolos que não valorizavam a teologia e não conheciam a Palavra como nós conhecíamos. Eles eram os ignorantes que desejavam a unidade à custa da verdade. Quanto mais pensava sobre aqueles que estavam presos a essa mentalidade, mais impossível me parecia a tarefa e menos inclinado me sentia a tentar qualquer ação.

Durante um longo tempo, não me dispus a deixá-los para trás. Talvez fosse por uma sensação de lealdade. Talvez fosse porque eu ficava pensando no trunfo que eles poderiam constituir para o Corpo de Cristo se usassem sua inteligência e paixão em nome da unidade. Talvez eu soubesse como eles ridicularizavam os outros e não quisesse ser alvo desse ridículo. Fosse qual fosse a razão, não fui capaz de abrir mão deles até que precisei escolher entre seu espírito de discórdia e o desejo de Deus pela unidade.

Apenas recentemente consegui deixá-los partir. Sei o que alguns de vocês estão pensando: "Este não é um livro sobre a unidade? Como pode deixar partir um grupo inteiro de pessoas que alegam conhecer Jesus? Como pode amá-los se os deixa para trás?". Às vezes é necessário anteciparmo-nos a fim de mostrar às pessoas um vislumbre do que é possível. Quando elas veem um exemplo de unidade e observam as bênçãos que Deus derrama sobre nós, pode ser que seja exatamente isso o que as convence a se unirem de novo.

Uma das minhas histórias favoritas da Bíblia é a de Jônatas e seu escudeiro (1Sm 14). Jônatas e seu escudeiro decidiram lutar contra todo o exército filisteu sozinhos. Todos os outros hebreus estavam aterrorizados, e muitos estavam escondidos nas montanhas. Deus abençoou Jônatas sobrenaturalmente e, de repente, ele e o escudeiro estavam derrotando um exército inteiro. Quando Saul viu isso, levou seus homens para se juntarem a Jônatas na batalha. Assim que começaram a expulsar os filisteus, o último grupo de hebreus finalmente se juntou à perseguição.

Não podemos esperar até que todos concordem em entrar na luta em nome da unidade. Quando Deus abençoa a fé dos poucos a iniciarem a luta, outros se agregarão.

8
Precisa começar aos poucos

Do invisível ao mais visível

Um dos erros com que deparei várias vezes na busca da unidade (entre outras buscas) é que todos querem pular de imediato para a escala macroscópica. Tenho certeza de que muitas dessas pessoas têm boas intenções. Querem transmitir a mensagem ao maior número de pessoas possível; querem ver o reavivamento.

Com muita frequência, porém, a mensagem para as massas perde força porque não é acompanhada de uma vida que reflita essa força. Assim, se você se entusiasma em ver maior unidade na igreja, eu lhe recomendaria que começasse aos poucos. Coloque a vida em ordem antes de fazer discursos.

Comece só com você mesmo e Deus. Passe algum tempo maravilhando-se diante do mistério da unidade com Deus e arrependendo-se do orgulho e da tendência a provocar discórdias. Aprenda o que significa permanecer no Pai, porque longe dele você não dará frutos (Jo 15.4-5). Peça-lhe que o ajude a ver as pessoas ao redor com os olhos dele. Escutei um amigo, que é outro célebre líder cristão, contar sobre certa vez em que ele estava folheando a revista *Charisma*, olhando para as fotografias de outros pastores e líderes. Ele confessou que se sentia indiferente em relação a cada pessoa e contou que começou a suplicar a Deus para ajudá-lo a ver cada pessoa da forma como ele as vê. Meu amigo se convenceu de que Deus nos chamou a muito mais do que apenas indiferença em relação a nossos irmãos e irmãs em Cristo. Recusou-se a largar a revista até sentir o amor de Deus por eles. A ausência de ressentimento não era o bastante. Deus nos ordenou que os amássemos como ele nos ama. Siga o exemplo de meu amigo: confesse suas deficiências e suplique a Deus que lhe transforme o coração.

Examine seu casamento: você não pode iniciar um movimento rumo à unidade enquanto está se divorciando. Você é verdadeiramente um com sua esposa? Ama sua esposa e entrega a vida a ela como Cristo fez pela igreja? Honra seu marido como a Cristo? Se não conseguimos superar os conflitos em um contexto tão íntimo e dedicado como o casamento, dificilmente poderíamos esperar fazê-lo em nossas igrejas. "Pois, se um homem não é capaz de liderar a própria família, como poderá cuidar da igreja de Deus?" (1Tm 3.5).

Pense na família da sua igreja, em particular. Não se apresse em lamentar a desunião na igreja do país ou do mundo se, ao mesmo tempo, você é cruel, indiferente e desprovido de amor em relação às pessoas do Corpo de sua própria igreja. Dietrich Bonhoeffer alertou sobre a diferença entre amar o *conceito* de uma comunidade unida e amar as *pessoas* que fazem parte dessa comunidade:

> Todo sonho humano que é injetado na comunidade cristã é um obstáculo à genuína comunidade e deve ser banido para que a genuína comunidade sobreviva. Aquele que ama o sonho de uma comunidade mais do que a comunidade cristã em si se torna um destruidor da última, ainda que suas intenções pessoais sejam muito honestas, sérias e abnegadas.[6]

Ele está dizendo que é perigoso cultivar o ideal de viver em uma comunidade unida que nada mais é do que um devaneio.

O que precisamos, em vez disso, é amar as pessoas reais que estão diante de nós e estabelecer unidade com essas pessoas específicas. Se não conseguirmos estabelecer unidade ali, não conseguiremos estabelecer nenhuma unidade significativa.

> Deus não nos chamou à neutralidade.
> Ele quer que toda palavra seja falada
> em amor.

Deus não nos chamou à neutralidade. Ele quer que toda palavra seja falada em amor. Toda frase em todos os níveis de interação deve ser expressa em amor, conduzindo a uma maior unidade. Se você conseguir obter uma transcrição da sua conversa mais recente, como algumas dessas frases poderiam ter sido faladas para promover amor e unidade?

O veneno da ambição egoísta

Tiago nos alerta de que "onde há inveja e ambição egoísta, também há confusão e males de todo tipo" (Tg 3.16). Raramente se fala sobre a ambição egoísta. Tornou-se aceita, pressuposta e até mesmo louvada às vezes. Deus me mostrou recentemente como a ambição egoísta tem sido até certo ponto constante em minha vida. Mostrou-me momentos em que iniciei com intenções puras, mas depois a ambição egoísta se insinuou. Mostrou-me que os profetas não tinham metas grandiosas como "vou liderar as massas", mas se empenhavam em ser fiéis a seja o que for que Deus os chamasse a fazer. Pense em Isaías, Jeremias, Ezequiel e os demais: sua ambição era seguir instruções.

Será que estamos certos de que o estabelecimento de metas e planos de dez anos são bíblicos? É curioso que todo jovem ministro tenha uma visão ou ambição de conduzir as massas ao reavivamento. Quanto dessa ambição é egoísta? Será que é coincidência que liderar um grande reavivamento seria também o estilo de vida mais agradável para todos nós? É raro conhecer pessoas que tenham a ambição de serem odiadas e maltratadas como Cristo ou os profetas. É raro encontrar alguém cuja ambição seja sofrer e morrer como os apóstolos.

Quero ver arrependimento e reavivamento tanto quanto qualquer outro. Só quero ter certeza de que estou seguindo a Deus e não uma ambição egoísta. Quando me lembro do passado, vejo uma boa porcentagem de motivos ligados ao Reino misturados a alguma ambição egoísta. Isso não é bom, porque a passagem de Tiago diz que até mesmo onde a ambição egoísta meramente "existe" ela levará à desordem. Todos sabem que o mundo cristão está em caos. Creio que isso se deve à quantidade de ambição egoísta na liderança.

Nossa tradição evangélica dá liberdade a todo líder cristão individual de expressar sua interpretação das Escrituras sem prestar contas dessa interpretação, então nos aproveitamos disso. Os cristãos neste país passam muito mais tempo criticando os outros do que compartilhando o evangelho. Novos *blogs*, *podcasts* e *sites* são criados diariamente. Esses muitas vezes conduzem a novas igrejas e até novas denominações. É por essa razão que existem milhares de denominações cristãs, cada uma acreditando ser a mais correta biblicamente.

Vivemos também em um tempo em que as pessoas estão ávidas por leitores e ouvintes. Alguns pastores perceberam que, se fizessem um vídeo intitulado "A Glória de Cristo", poderiam obter uma centena de visualizações, mas "Francis Chan

Nega Jesus" com certeza obterá milhares. Então aumentamos nossa base de seguidores como podemos, sem considerar como isso se parece diante de um mundo agonizante, para não dizer nada do que isso faz ao coração de Deus.

Logo após a passagem citada acima, Tiago escreve: "De onde vêm as discussões e brigas em seu meio? Acaso não procedem dos prazeres que guerreiam dentro de vocês?" (Tg 4.1). Assim que começamos a misturar os objetivos do Reino com objetivos egoístas, estamos solapando nossos próprios esforços, porque colheremos o que plantamos.

O perigo das denominações

Quando se considera todas as discórdias que fraturaram a igreja em literalmente milhares de ramos, é difícil acreditar que todas alegam seguir o mesmo Jesus que orou antes de morrer pedindo que todos fossem um como ele e o Pai eram um. É especialmente chocante quando se examina os motivos de alguns dos grandes rachas. Por exemplo, o famoso cisma de 1054 mencionado anteriormente aconteceu quando a Igreja Católica do Ocidente e a Igreja Ortodoxa do Oriente não conseguiram entrar em acordo sobre se o Espírito Santo provém apenas do Pai (a visão da Igreja do Oriente) ou do Pai *e do Filho* (o acréscimo da Igreja do Ocidente ao credo estabelecido). O debate girou em torno de uma única palavra em latim: *filioque* ("e do Filho"). Elas excomungaram uma à outra e criaram uma separação que não foi consertada durante quase mil anos. Assim, muitas batalhas, execuções e separações subsequentes continuaram no Corpo de Cristo.

Não estou dizendo que alguns desses cismas não tenham surgido de genuínos movimentos do Espírito de Deus. Sou grato por muitas das percepções que surgiram durante a Reforma Protestante, que começou em 1517. Martinho Lutero combateu para interpretar as Escrituras com exatidão e ergueu-se contra muitos dos abusos na Igreja Católica daquela época em relação ao evangelho e à justificação. Gostaria de ter sua ousadia e convicção quanto ao que as Escrituras realmente dizem. Mas a maioria de nós nunca escutou o alerta de Lutero a seu colega reformador, Melâncton: "Depois de nossa morte, surgirão muitas seitas hostis e terríveis. Deus nos ajude!".

Cerca de trezentos anos após a Reforma e cerca de 175 anos atrás, o historiador da igreja protestante Philip Schaff descreveu seu momento cultural assim: " [O sistema de seita é uma] grande doença que se fixou ao coração do protestantismo, e que deve ser considerado [...] mais perigoso, porque aparece normalmente sob os trajes imponentes da piedade".[7]

Fiquei impressionado ao ver quão bem essas palavras descrevem o que ainda estamos vivendo hoje. Schaff estava escrevendo com referência à Reforma; no entanto, como já disse, o problema é muito mais antigo do que isso. Durante centenas de anos, nossa propensão a dividir e atacar — para formar seitas — vem nos comendo vivos. Paulo nos alertou: "Se vocês estão sempre mordendo e devorando uns aos outros, tenham cuidado, pois correm o risco de se destruírem" (Gl 5.15). Mas parece que não levamos suas palavras a sério.

Frequentemente nossas discórdias surgem quando divergimos sobre a forma correta de interpretar a Bíblia. Esse foi certamente o caso da Reforma de Lutero. Entretanto, Schaff aponta para uma realidade que é ainda verdadeira hoje: muitas vezes intensas discórdias surgem entre pessoas que subscrevem a mesma declaração doutrinária, mas não concordam com a mesma metodologia. Schaff afirma que as divergências em seu tempo "não giram tanto em torno da doutrina, mas da composição e formas da igreja. Em lugar de escolas e sistemas, temos grupos e seitas, que em muitos casos parecem estar em oposição total e inexorável, mesmo quando ocupam a plataforma da mesma confissão".

> Tenho orado para que o povo de Deus recupere o amor e a unidade que a Bíblia enfatiza constantemente.

Isso continua a ser verdade. Igrejas e grupos com declarações de fé quase idênticas acham impossível aprovar o que Deus está fazendo dentro de uma igreja ou grupo vizinho.

De seu ponto privilegiado em 1845, Schaff previu que essa trajetória nos levaria a situações perigosas:

> Onde o processo de separação está destinado a terminar, nenhum cálculo humano pode prever. Qualquer um que tenha [...] alguma experiência interior e uma língua afiada pode se persuadir de que é chamado a ser um reformador; [...] em sua vaidade e orgulho espirituais [ele provoca] uma ruptura revolucionária com a vida histórica da igreja, diante da qual ele se considera imensamente superior. Ele constrói para si mesmo durante a noite uma nova capela, na qual agora, pela primeira vez desde o tempo dos apóstolos, uma congregação pura deve ser formada; batiza os seguidores com seu próprio nome.

São palavras fortes. Mas ele estava errado? Não vimos isso acontecer repetidas vezes em escalas maiores e menores? As palavras de Schaff são duras, mas creio que está com a razão:

> Assim a multidão ludibriada [...] se converte não a Cristo e sua verdade, mas aos caprichos arbitrários e às opiniões sem

fundamento de um indivíduo [...]. O que se constrói não é igreja, mas uma capela, para cuja edificação o próprio Satanás fez a mais perdulária das contribuições.

Deixando espaço para uma obra genuína do Espírito de vez em quando, acho que precisamos escutar a linguagem forte de Schaff. Será que pensamos que Deus está satisfeito com nossas excomunhões e "despedidas" constantes?

Para cada denominação que se separou, quantos indivíduos cristãos também formaram suas próprias dissidências? Todas as nossas separações continuam a acelerar — onde isso tudo terminará?

Minha oração ao escrever este livro é que nós, como igreja, possamos recuperar o bom senso e ver todas as divisões e lutas internas como algo contrário ao plano de Deus. Tenho orado para que o povo de Deus recupere o amor e a unidade que a Bíblia enfatiza constantemente. Tenho pedido a Deus que crie um exército de pessoas que acreditam que possamos nos unir no amor de Jesus por meio do fortalecimento do Espírito.

Sei que isso não acontecerá porque pedi que fizéssemos assim. Sei que não acontecerá em resposta a todos nós que tentamos arduamente conviver uns com os outros. Mas creio que o Espírito de Deus possa nos unir de modo sobrenatural. Creio que Deus quer fazer isso. Creio que Deus nos disse que isso é o que ele quer fazer em sua igreja. Então creio que isso acontecerá. Desviamo-nos demais do caminho certo, mas Deus busca o tempo todo suas ovelhas desgarradas.

Liderar a revolução

O que vem à mente quando você escuta a frase "líder cristão com poder"? A maioria de nós visualizaria uma pessoa em pé em um palco falando a milhares de pessoas e mobilizando-as a praticarem alguma ação em ampla escala. Outros talvez pensem em alguém com uma presença *on-line* que atraia milhões de seguidores. Considere o apóstolo Paulo, que, sem dúvida, influenciou sua geração, mas também impactou milhões e milhões durante os últimos dois mil anos. As pessoas ainda estão lendo os textos de Paulo e admirando seu exemplo.

> Ainda que, como apóstolos de Cristo, tivéssemos o direito de fazer certas exigências, agimos como crianças entre vocês. Ou melhor, fomos como a mãe que alimenta os filhos e deles cuida. Nós os amamos tanto que compartilhamos com vocês não apenas as boas-novas de Deus, mas também nossa própria vida.
>
> 1Tessalonicenses 2.7-8

Às vezes é fácil esquecer que Paulo não passou a vida em pé diante de anfiteatros lotados de gente. Ao contrário: ele se preocupava profundamente com as pessoas. Ia de lugar em lugar amando-as e compartilhando a vida com elas. Talvez ninguém que esteja escrevendo ou lendo este livro terá o tipo de impacto duradouro de Paulo, mas talvez tivéssemos, se seguíssemos seu exemplo. Em geral, são as pessoas que não estão pensando nas massas que realmente atingem as massas. Elas apenas se ocupam amando as pessoas que Deus coloca em sua frente. Como o amor impele a atos incomuns de sacrifício, seus exemplos se tornam lembrados pelas massas. A maioria das vozes que escutamos hoje será silenciada com a morte, porque não legaram ações de amor a serem lembradas.

> Filhinhos, não nos limitemos a dizer que amamos uns aos outros; demonstremos a verdade por meio de nossas ações.
>
> 1João 3.18

Meu amigo John é um senhor idoso cuja esposa morreu tragicamente. Além de ter perdido a visão, o diabetes destruiu-lhe ambos os rins. Com a partida da esposa, ele não tinha ninguém para levá-lo aos tratamentos de diálise. Foi anunciado na igreja que John precisava de ajuda. Meu amigo Keith se ofereceu para levá-lo, mesmo que aquilo fosse tomar algumas horas de sua programação. Embora trabalhasse em tempo integral e tivesse dois filhos em casa, Keith quis servir a esse irmão em Cristo a quem mal conhecia. Na primeira vez que foram ao hospital, Keith se perdeu e o novo amigo cego não tinha como ajudá-lo. Isso fez com que eles rissem e conhecessem melhor um ao outro. Quando John lhe contou sua história e relatou sua doença, Keith passou a gostar mais de John. Ficou tão comovido que algumas semanas depois doou a John um de seus rins!

Morando em Hong Kong, tive o prazer de passar algum tempo com minha amiga Jackie. Ela é uma de minhas heroínas. Aos 22 anos, tomou um barco na Inglaterra que a levou a Hong Kong. Chegou em 1966 com dez dólares, e vive lá até hoje. Começou a atender viciados em drogas nas áreas mais perigosas da cidade e jamais parou. Embora ela esteja com 76 anos, tenho dificuldade em acompanhar o cronograma dela. Amo essa mulher! Temos divergências teológicas e práticas, mas isso importa muito pouco. Ela é um exemplo para mim. Sua dedicação a Cristo e seu amor pelas pessoas são claros sinais de que ela também recebe a graça de Deus. Qualquer um que conheça Jackie sabe que ela se encolhe sempre que alguém lhe dá atenção. Ela quer que toda a glória vá para aquele que lhe deu a graça para servi-lo durante todos esses anos.

Unidade é difícil quando tudo o que fazemos é falar. A igreja dos primeiros tempos produziu o livro dos Atos; a igreja moderna produziu um livro das Palestras. Os líderes da igreja primitiva morreram vivendo o evangelho; nós ganhamos a vida falando sobre o evangelho. Quanto mais produzirmos frutos, mais fácil será a unidade. Quando começarmos a ver uns aos outros modelando nossas ações e estilos de vida aos de Jesus e da igreja dos primeiros tempos, estaremos mais inclinados a nos unir. Será uma alegria e honra servir ao lado de tais homens e mulheres. Eles podem não pertencer à mesma denominação ou vir da mesma formação teológica, mas você pode celebrar quando dão glória a Jesus.

Conclusão:
A volta a uma fé como a das crianças

> Pois todos nós teremos de comparecer diante do tribunal de Cristo, para que cada um receba o que merecer pelo bem ou pelo mal que tiver feito neste corpo terreno.
>
> 2Coríntios 5.10

Quanto mais envelheço, menos penso sobre o que os outros dizem sobre mim e mais penso sobre o que Jesus dirá a mim. Antes de escrever este parágrafo, passei uma hora imaginando como será quando encontrar a Deus. Essa tem sido uma prática saudável em minha vida, e preciso realizá-la com mais frequência. Quando me imaginei me prostando diante dele, pensei nos remorsos que terei em relação à minha vida na terra. Tenho consciência das minhas diversas falhas, e muitas mais serão reveladas naquele dia. Só então descobrirei quanto meu orgulho e egocentrismo prejudicaram outras pessoas e a igreja como um todo.

Tentei escrever este livro tendo apenas aquele dia em mente. O que me arrependerei de ter dito ou não dito? Naquele dia, não terei nem uma pitada de preocupação com o que os outros pensam de mim. Estarei diante de meu Criador e responderei por minha vida. Quando olho para trás, para meus 54 anos de fracassos, sei de ações que realizei que prejudicaram a igreja. Sei também de ações que deixei de realizar e que também prejudicaram a igreja. Sei que não adianta me revolver na vergonha das falhas passadas. Ao mesmo tempo, não quero criar novos remorsos no futuro.

Reserve algum tempo para refletir sobre o que lhe importará no último dia. É muito saudável afastar os olhos de tudo o que você vê agora (2Co 4.18). Apenas imagine-se postado em pé ou prostrado diante de um Deus santo no final. É isso o que me motiva a tomar algumas das decisões mais difíceis na vida.

Alguns de vocês precisam se distanciar daqueles que os estão levando a se separar de irmãos e irmãs em Cristo. Outros precisam aceitar aqueles de quem se separaram equivocadamente. Que o Espírito Santo lhe dê a coragem e humildade necessárias. Lembre-se de não se deixar abater por toda a discórdia que há no mundo. Com quem você precisa ter uma conversa pessoal? Quando chegar aquele dia, você não vai querer aceitar os que dividem, nem se distanciar dos verdadeiros filhos de Deus. Queremos que ele nos encontre buscando desesperadamente a unidade, como nos ordenou.

> Fomos criados para a unidade, salvos para sermos unificados, e passaremos a eternidade adorando como um Corpo único.

Seja maduro o bastante para adorar como uma criança

Pela graça de Deus, ainda tenho uma fé como a das crianças em que o Corpo de Cristo possa se unir durante minha vida. Posso estar louco, mas, à medida que o mundo se torna mais dividido, acredito mesmo que seja exatamente este o tempo em que Deus deseja unir seu reino. Fico imaginando a felicidade que sentiremos se começarmos a nos unir. É o que queremos. Fomos criados para a unidade, salvos para sermos unificados, e passaremos a eternidade adorando como um Corpo único. Alguns podem me considerar imaturo por acreditar que uma adoração mais profunda irá nos unir. Acho que finalmente sou maduro o bastante para acreditar como uma criança. O Espírito de Deus me impele a uma adoração profunda que nos une. O crente cheio do Espírito não permitirá que nada quebre sua participação nesse serviço de adoração unificado.

> Não se embriaguem com vinho, pois ele os levará ao descontrole. Em vez disso, sejam cheios do Espírito, cantando salmos, hinos e cânticos espirituais entre si e louvando o Senhor de coração com música. Por tudo deem graças a Deus, o Pai, em nome de nosso Senhor Jesus Cristo. Sujeitem-se uns aos outros por temor a Cristo.
>
> Efésios 5.18-21

As pessoas cheias do Espírito não permitirão que os conflitos as impeçam de cantar uns aos outros "salmos, hinos e cânticos espirituais". As pessoas maduras não são tão facilmente desviadas do louvor.

As pessoas cheias do Espírito estão constantemente "louvando o Senhor com música". Trata-se de uma adoração contínua, "de coração". Não é necessário que outros as arrastem para a adoração. O Espírito as move a partir de dentro enquanto as canções e melodias são entoadas.

As pessoas cheias do Espírito estão sempre dando graças "por tudo". A ação de graças não se interrompe na vida de um seguidor devoto. Até as tribulações e sofrimentos podem conduzir à ação de graças, quando se anda no Espírito.

As pessoas cheias do Espírito sentem "temor a Cristo". O temor de Deus as leva a se sujeitarem "umas às outras". Não conseguimos pensar simplesmente em nós mesmos. O Espírito de Deus nos leva a considerar a importância dos outros.

Segundo essa definição bíblica sobre quem é cheio do Espírito, será que você se descreveria como sendo alguém cheio do Espírito?

Será que é tão simples assim, que basta tornar-se cheio do Espírito? Será que isso resolveria realmente o conflito cristão? Sim.

Assim como nenhum casal cheio do Espírito se divorcia, nenhuma igreja cheia do Espírito se divide. É só quando paramos de entoar salmos um ao outro, quando paramos de cantar ao Senhor de coração, quando paramos de dar graças a Deus por tudo e paramos de nos sujeitar uns aos outros por temor a Cristo, é só então que somos capazes de nos separar uns dos outros. Se acha que estou errado, pergunte a si mesmo se já viu isso acontecer. Quantas pessoas você conhece que demonstram alguma daquelas características dos que são cheios do Espírito?

Neste momento, estou pensando em duas mulheres: Joni e Susan. Elas são duas das pessoas mais cheias do Espírito que conheço. Ambas têm sido para mim exemplos de pessoas que parecem literalmente nunca parar de louvar e agradecer a Deus. Creio que as duas nunca se encontraram, mas me imagino assistindo a seu encontro e à doce irmandade que formariam na presença de Jesus. Enquanto elas se revezam orgulhando-se no Senhor, não consigo imaginá-las encontrando algo pelo qual valesse a pena se separar. Ambas amam demais se sentar ao pé do Senhor. Nenhuma delas suportaria afastar-se.

Permita-me encerrar este livro do modo como o iniciamos: louvando a Deus.

Senhor, louvo-te porque existo. Amo estar vivo, e sinto-me honrado por ter sido criado à tua imagem. Tu me fizeste de tal modo que posso me tornar um contigo agora. Realizaste isso por meio da morte de teu Filho na cruz. O sangue dele me purificou. Digno é o Cordeiro que foi sacrificado! Tu me adotaste, e amo ser teu filho. Sinto-me emocionado com o fato de que me desejas. Quero ser um contigo muito mais do que qualquer outra coisa.

Por favor, purifica-me de meu orgulho, ambição e egoísmo. Queres que eu experimente a unidade perfeita com todos os meus irmãos e irmãs em Cristo. Eu também quero isso. Senhor, aumenta esse desejo em mim e em todos os teus filhos. Perdoa-me por tudo o que fiz que tenha provocado discórdia. Perdoa-me por tudo o que não fiz, permitindo que essas discórdias continuassem. Intensifica meu amor por teus filhos. Deus Todo-poderoso, una-nos em tua glória e em nome de tua glória. Anseio por ver a oração de teu Filho atendida — que experimentemos a unidade perfeita, assim como tu e Jesus são um. Minha alma anseia pela unidade perfeita em tua presença para todo o sempre.

Louvados sejam Pai, Filho e Espírito Santo.

Amém.

Notas

[1] A. W. Tozer, citado em John Snyder, *Behold Your God: Rethinking God Biblically* (Nova Albany, MS: Media Gratiae, 2013), p. 15.

[2] "Most American Christians Do Not Believe that Satan or the Holy Spirit Exist", Barna, 13 de abril de 2009, <www.barna.com/research/most-american-christians-do-not-believe-that-satan-or-the-holy-spirit-exist/>.

[3] John Snyder, *Behold Your God: Rethinking God Biblically* (Nova Albany, MS: Media Gratiae, 2013), p. 125.

[4] Watchman Nee, *The Normal Christian Church Life* (Anaheim, CA: Living Stream Ministry, 2005), p. 48.

[5] "Look, if I shoot you, I'm brainless / But if you shoot me, then you're famous." Jay-Z, "Streets Is Watching", por Labi Siffre, Ski Beatz e Jay-Z, faixa 5 de *In My Lifetime, Vol. 1*, Def Jam Recordings e Roc-a-Fella Records, 1997.

[6] Dietrich Bonhoeffer, *Life Together*, trad. John W. Doberstien (London: SCM Press, 1954), Kindle loc. 164 ou 1473.

[7] Philip Schaff, *The Principle of Protestantism as Related to the Present State of the Church*, trad. John W. Nevin (Chambersburg: German Reformed Church, 1845). As citações nesta seção foram extraídas das páginas 107-116.

Obras do mesmo autor:

APAGANDO O INFERNO
O QUE DEUS FALA SOBRE ETERNIDADE E O QUE NÓS INVENTAMOS
FRANCIS CHAN
com Preston Sprinkle

Como pode um Deus amoroso mandar pessoas para o inferno? Será que, após a morte, elas terão uma chance de reconhecer a Jesus como Senhor e ser salvas?

Com especial temor e tremor pela Palavra de Deus, Francis Chan e Preston Sprinkle abordam nossos mais profundos questionamentos sobre a eternidade, trazidos à tona no livro de Rob Bell, *O amor vence*.

Seria confortável simplesmente não acreditar, como Rob Bell, no inferno. Mas, como Chan e Sprinkle escrevem: "Não podemos nos dar ao luxo de estar errados quando a questão é o inferno". Na realidade, esse é o tipo de assunto em que o mero achismo não pode ter vez. O que realmente importa é o que a Bíblia diz a respeito.

Apagando o inferno aponta para a urgência do amadurecimento da fé, reconhecendo que nem tudo é como gostaríamos que fosse, mas sim como Deus, em sua soberania e sabedoria, decidiu fazer.

Obras do mesmo autor:

CARTAS À IGREJA — FRANCIS CHAN

Está disposto a repensar a igreja como a conhece hoje?

Nesta obra, Francis Chan, autor de *Louco amor*, desafia o leitor a avaliar a organização atual e a relevância (ou irrelevância) da igreja para o mundo em que vivemos. E, mais importante, quão próxima ou distante ela está do que as Escrituras apontam como o seu propósito, que é sinalizar o reino de Deus.

Francis Chan conta sua experiência como plantador de igrejas e o que aprendeu com os erros e com os acertos, numa avaliação honesta e não menos crítica dos descaminhos trilhados por comunidades cristãs ao redor do planeta.

Engana-se, no entanto, quem espera um mero desabafo. Francis Chan apresenta instruções valiosas para igrejas que não só querem compreender seu papel bíblico mas também anseiam por inspirar vitalidade, compromisso e significado.

Cartas à igreja é, portanto, um chamado para fazer diferença.

Obras do mesmo autor:

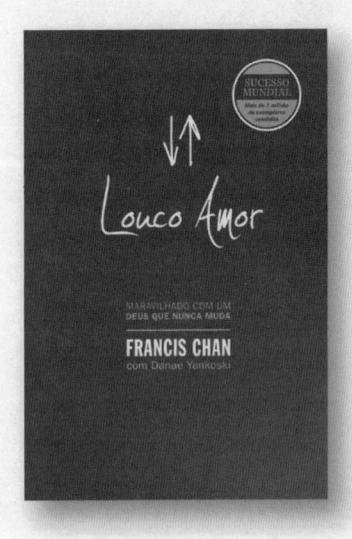

Pode acontecer em qualquer relacionamento. A intensidade e a vibração dos primeiros momentos aos poucos são tomadas pela rotina, e o que antes era uma feliz dependência torna-se um fardo, quando não a cínica indiferença para com o outro.

Infelizmente, o mesmo ocorre em nosso relacionamento com Deus. Acabamos nos acostumando a viver longe dele... só demoramos a nos dar conta disso.

Nossa suposta autossuficiência torna difícil encaixar Deus num mundo cujas principais respostas já foram dadas. Se essa é a conclusão a que chegamos, vale a pena ler e ouvir alguém que não se conforma com desculpas fatalistas. Francis Chan dedica sua vida a ser um tipo diferente de cupido. Tendo experimentado com grande intensidade o amor de Deus, empenha-se em contagiar outras pessoas a (re)viverem a mesma paixão.

Segundo Chan, apenas experimentando e nutrindo um honesto relacionamento com Deus podemos dar a necessária chacoalhada em nossa vida e espantar a terrível mornidão que caracteriza nossa atitude diante do Pai.

Obras do mesmo autor:

Uma ferramenta moderna e eficaz para potencializar o crescimento saudável do corpo de Cristo!

Multiplique foi elaborado para pessoas que desejam impulsionar um programa sério e eficaz de discipulado. O segredo para o crescimento orgânico e saudável do corpo de Cristo está em discípulos fazerem discípulos.

Multiplique é uma resposta ao movimento de Deus de colocar no coração de muitas pessoas o desejo e a necessidade do discipulado. É uma ferramenta que o ajudará a cumprir o mandamento de Jesus.

Esta obra visa ao relacionamento entre duas ou mais pessoas. Ela aponta caminhos para o estabelecimento do verdadeiro discipulado. É o evangelho puro e simples permeando uma caminhada de descobrimentos e redenção e renovando o significado de ser filhos e filhas de Deus.

Obras do mesmo autor:

Você e eu para sempre não é mais um típico livro sobre casamento. Embora existam várias obras disponíveis com dicas realmente úteis sobre como melhorar o relacionamento entre marido e mulher, Francis e Lisa Chan partem da perspectiva da eternidade como elemento influenciador das decisões do presente.

O casal explica o conceito bíblico por trás de um relacionamento a dois capaz de satisfazer as necessidades mais profundas da alma dele e dela. À medida que essa necessidade de ambos é satisfeita, as questões do dia a dia passam a ser tratadas sobre uma ótica em que a felicidade será, de fato, para sempre.

Este livro fala sobre amar um ao outro para sempre e mostra que casamento e eternidade podem formar um par ideal.

Descubra como dar um novo e eterno sentido ao seu casamento.

Compartilhe suas impressões de leitura,
mencionando o título da obra, pelo e-mail
opiniao-do-leitor@mundocristao.com.br
ou por nossas redes sociais

Esta obra foi composta com tipografia Palatino e impressa em
papel Pólen Natural 70 g/m² na gráfica Imprensa da Fé